■ 教育部人文社会科学研究规划项目(10YJAZH125)
■ 国家软科学研究计划项目（2014GXS4D146）

# 人道物流中的快速信任研究

Swift Trust in Humanitarian Logistics

张怡　冯春◎著

西南交通大学出版社
·成　都·

图书在版编目（CIP）数据

人道物流中的快速信任研究 / 张怡，冯春著. —成
都：西南交通大学出版社，2017.10
ISBN 978-7-5643-5164-9

Ⅰ.①人… Ⅱ.①张… ②冯… Ⅲ.①突发事件–物
流管理–物资配送–研究 Ⅳ.①F252.14

中国版本图书馆 CIP 数据核字（2016）第 288047 号

RENDAO WULIU ZHONG DE KUAISU XINREN YANJIU

# 人道物流中的快速信任研究

张 怡　冯 春　著

| | |
|---|---|
| 责 任 编 辑 | 罗小红 |
| 特 邀 编 辑 | 葛 灵 |
| 封 面 设 计 | 原谋书装 |
| 出 版 发 行 | 西南交通大学出版社<br>（四川省成都市二环路北一段 111 号<br>西南交通大学创新大厦 21 楼） |
| 发 行 部 电 话 | 028-87600564　028-87600533 |
| 邮 政 编 码 | 610031 |
| 网　　　址 | http://www.xnjdcbs.com |
| 印　　　刷 | 成都勤德印务有限公司 |
| 成 品 尺 寸 | 170 mm × 230 mm |
| 印　　　张 | 11.5 |
| 字　　　数 | 183 千 |
| 版　　　次 | 2017 年 10 月第 1 版 |
| 印　　　次 | 2017 年 10 月第 1 次 |
| 书　　　号 | ISBN 978-7-5643-5164-9 |
| 定　　　价 | 50.00 元 |

# 前　言

　　人道物流（Humanitarian Logistics）是一门涉及物流管理和灾难管理的综合性新学科，是抢险救援行动非常重要的组成部分。有效应对突发灾难的关键在于：需要快速动员、组建和协同由众多救援机构构成的人道物流快速成形网络（Hastily Formed Network）。网络中各救援机构虽然没有共同的工作经历及完全统一的组织文化，却需要在救援中采用相同的流程和配送渠道，共同面临着需求目标模糊、人力和资金资源缺乏、救灾环境不确定性、准备响应零时差和救援时限性的挑战。

　　人道物流快速成形网络是灾难发生后快速形成的临时网络，由于消费者(受助者)不是客户(捐助者)，各机构会为获得捐赠资金和媒体注意而竞争，造成任务分配和责任范围的冲突，导致各机构协同倾向降低，缺乏相互信任。为了提高救援质量，应对救援中的脆弱性、风险和不确定性，及难以具备充足的时间和条件构建常规信任等挑战，必须在人道救援物流快速成形网络中建立和维持快速信任(Swift Trust)。

　　快速信任在人道物流网络的快速形成中具有非常关键的作用，在人道救援伊始就建立起彼此间的高水平信任，在没有任何传统的信任源的情况下，不可思议地展示出预示信任的行为，仿佛信任早已存在一段较长的时间。快速信任并非传统信任在由陌生人所组成的小群体内的适应或拓展，而是一种独特的集体意识和关联形态，这种集体意识和关联形态能够维持和促进人道物流快速成形网络内的信任性行为，并以此来更好地管理系统的脆弱性、不确定性、风险和期望问题，使得人道物流快速成形网络成为"组织"而非临时性群体。

　　本书认为信任的产生依赖于空间和边界，也依赖于时间和历史。前者属于特征识别，是基于认同的信任；后者属于过程记录，是基于知识的信任。要在极短时间内发展快速信任就需要去人格化的身份类别和浓缩的历史。通过相同范畴和身份角色简化和隐匿个体特征的丰富信息，以走出在空间和边界上由血缘、地缘和业缘所带来的差序格局；通过社会规则和第三方信息（如声誉）规范互惠性互动和增加集体记忆，以缩短在时间和历史上由于情感亲密认同所需要的心路历程。同时成员在人道物流协会等志愿组织中，在信任倾向驱动下，自主构建保持积极乐观的沟通环境，在情感上激发出共同目标和利益，剪除未来的复杂性和风险性，增加现在的确定性，形成全体成员自觉思想共识的快速信任，有利于解决人道物流中各组织间协同困难的问题，提高人道救援参与组织的反应速度和合作效率，从而在最大限度上减少灾难损失。

本书的研究工作得到了教育部人文社会科学研究规划项目"快速信任及其在人道救援物流快速成形网络中的应用研究"（批准号 10YJAZH125）和国家软科学研究计划项目"灾难救援供应链的结构模式与运行机制研究"（批准号 2014GXS4D146）的资助，特此表示衷心的感谢！

感谢楚龙娟对第 5 章的贡献，李海燕对第 6 章的贡献，张易寒对第 7 章的贡献，李雪和张鹏对第 8 章的贡献。

本书参考和借鉴了国内外有代表性的研究成果，作者已尽可能在参考文献中一一列出，谨在此向相关学者致敬！若出现了文献或注释上的疏漏，作者愿意及时纠正，并致谢意。

人道物流的研究发展迅速，关于人道物流快速信任研究的新成果不断出现，本书研究内容只涉及其中很小的一部分，希望能给大家带来一点有益的启发。另外，限于作者的学术水平，书中疏漏之处恳请大家不吝指正，再次真诚感谢。

张怡　冯春

2016 年 9 月于西南交通大学九里校区

# 目 录

# 1 绪论

## 1.1 人道物流中的快速信任研究背景

从美国"9·11"事件、印度洋海啸灾难到巴黎市郊的骚乱，从 SARS 病毒及 H1N1 流感肆虐、煤矿透水或瓦斯爆炸频发、松花江水受污染到四川大地震，近年来频发的大规模突发事件表明：在经济全球化、社会复杂化和自然环境不断恶化的时代背景下，当今社会已经成为风险社会，社会公共安全危机已由非常态化的偶发转变为常态化的频发，成为应急管理中不可回避的重大挑战。

为了提高国家灾害应急抢险救援能力，2006 年 1 月，国务院发布《国家突发公共事件总体应急预案》。2007 年 8 月，全国人大通过了《中华人民共和国突发事件应对法》。特别是 2009 年 5 月国务院发布的《中国的减灾行动》白皮书以及 2010 年 2 月全国人大通过的《中华人民共和国国防动员法》，都开始强调抗灾救灾物资储备网络与调用、救灾物资运输保障、应急救援队伍体系和应急响应机制等有关人道物流中的一些关键环节的建设。

负责救援物资、物流服务供应的人道物流是抢险救援行动中非常重要的组成部分，占据着救援行动份额的 80%，占救援总费用的 80%~90%，同时决定着抢险救援行动的成功与失败。与单纯的物流活动相比，人道物流在灾害抢险救援中扮演着重要的角色，其重要作用已逐步被国内外救援机构和政府所认识。

为应对突发灾难而快速组建的人道物流供应链的共同特征在于：需要快速动员、组建和协同由众多救援组织构成的人道物流快速成形网络（Hastily Formed Network，HFN）（Denning，2006）[1]，其共同的目标是减轻灾害损失，包括人员伤亡和经济损失。在人道物流快速成形网络中，主要参与者包括政府、军队、志愿者、捐助者、救援机构和其他 NGO 组织，虽然他们没有共同的工作和培训经历，也没有完全统一的组织文化，但在救援中需要采用相同的流程和配送渠道，因此面临着需求目标模糊、需求的突然发生、人力和资本资源缺乏、救灾环境不确定性、准备响应零时差和救援时限性等众多挑战。

同时，在人道物流快速成形网络中，由于消费者（受助者）不是客户（捐助者），参与人道救援的某些组织机构会为获得捐赠资金和媒体注意而产生竞争，造成各机构间的任务分配和责任范围发生冲突，导致救援机构协同倾向降低，彼此缺乏相互信任，影响了救援网络的质量。为了提高人道物流快速成形网络的救援质量，应对救援过程中的脆弱性、风险和不确定性，以及难以具备充足的时间和条件构建常规信任等挑战，必须在人道物流快速成形网络中建立和维持快速信任（Swift Trust）。

## 1.1.1 人道物流快速成形网络

灾害，尤其是突发的重大灾难对于大多数人和地区而言，是小概率事件，当单个救援机构单独应对时，需要储备大量的救援资源，这是一项高成本低收益的任务。近年来，我国自然灾害形势呈现出"重大灾难频繁发生，灾难损失巨大"等特点，面对接踵而至的灾难，我国的人道救援行动均由政府主导进行，往往要联合社会组织、企业、媒体、公民和国际组织，建立起临时的人道救援网络，进行资源的整合和功能的调整。人道救援网络如图 1.1 所示，这就意味着各个救援机构拥有多样的救援能力，分别提供资金、专业知识（物流、医疗、紧急搜救、过渡安置以及恢复重建等）、救援设备和救援物资。同时各个救援机构之间必须统筹协调，平稳有序地发挥各自的功能。

图 1.1　人道救援网络

包含这些救援机构的集群可以称之为人道物流网络，人道物流网络包括供应商、物流提供商和"消费者",其中消费者特指受助者。在人道物流网络中,捐助者与消费者不会发生直接关系,消费者不会下达订单,也不会支付已收到的救援服务。捐助者给救援机构(包括 NGO)提供资金,救援机构向供应商采购救援物资,并委托第三方物流提供商,将其发送给援助对象。如图 1.2 所示,值得注意的是这种非直接关系:捐助者(公众和社会)为救援行动提供资金,但不能监控救援的质量和救援物资的数量,会造成救援机构缺乏提高救援质量的动机,捐助者与受助者信息不对称,造成物流低效。

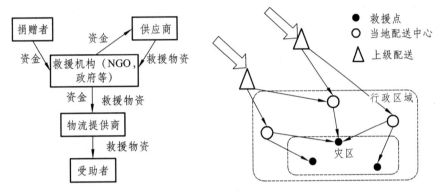

图 1.2　人道物流网络中的流动图

物流活动本身是一个社会—技术流程,由托运人、承运人和接收人组成的社会网络在交通和通信等系统支持下完成物流路径和配送等技术活动。当极端自然灾难突发时,受助者在获得救援物资的过程中,救援机构和个人将面临巨大的挑战,这是由于以下几点原因:

(1)必须立即启动短时限的救援应对以防止人员伤亡和财产损失。

(2)精心安排在社会网络中涉及物流的一系列技术活动被迫中断或遭到严重破坏。

(3)基础设施和通信系统受到严重影响,使得支持物流的社会—技术流程无法完全发挥其功能。

(4)基础设施条件出现大量不确定性。

(5)救援需求的准确性、救援地点的可达性以及现场救援资源的可得性等都具有高度的不确定性。

(6)灾区储备的大量救援物资和关键资产,如卡车和储备物资等已经遭到破坏，无法用于第一波救灾援助行动。

（7）必须向灾区运送大量关键救援物资；这是因为当地供应物资的物流系统中断（需要数周时间恢复）或完全瘫痪，同时灾民和救援过程本身的物资需求非常巨大，当地商铺在机会主义作用下从灾区外过量采购物资。

（8）在灾害本身的影响下，政府机构、民间团体和私营部门的应对能力会受到损害，他们组成的救援网络面对灾害需求的适应性调整过程可能会中断，使得政府面临统筹困境，可能会造成成员关系松散、参与无序、裂解风险高的问题。

（9）非救援现场需要的巨量捐赠物资的物流活动大大消耗了其他重要救援行动的资源，使得快速救援行动复杂化。

这些特点使得为有效应对突发灾难而快速动员、组建和协同由众多救援机构构成的人道物流快速成形网络，与商业供应链的不同体现在如下五个特征上：

（1）构成网络的人员来自于不同的组织，但具有共同的人道精神；

（2）是一个快速组建的临时网络，网络会在完成预定目标后解散；

（3）需完成一个重大紧急的灾难救援使命，该使命难以独自完成；

（4）在一个共享交流空间中一起工作，临时性地共享他们各自的资源；

（5）一起计划、讨论和执行行动。

自 1998 年以来，我国人道救援网络在目标设定、成员选择、组网时效和关系结构等方面都发生了较大的转变，人道救援网络的工作逐渐从无序走向有序[2]。

对我国政府机构而言，虽然有相对健全的运作网络，其业务又表现出了明显的分散化、精细化的趋势。行政资源和社会资源的逐渐分离，使得我国政府机构需要社会资源和力量的支持。然而政府机构缺少有关人道物流的制度知识，难以与社会组织紧密连接，没有足够的经验整合和协调"碎片化"的社会资源和力量以发挥人道物流的作用。

对社会组织而言，人道物流不是一项日常工作，需要足够的时间去适应才能充分认识到这项工作的独特之处。社会组织在面对涉及多个行政区域的灾难救援时，缺乏统筹协调和专业知识。

突发事件应急救援的经验表明：来自不同组织的第一响应者之间的交流、协调和协同是一个关键问题，跨组织交流和协同的困难主要在于难以具备充足的时间和条件来构建常规供应链伙伴间的信任，而快速信任的构建显然能够解决这一矛盾，因此快速信任研究对于打造人道救援物流快速成形网络具有积极意义。

## 1.1.2  快速信任的概念

临时组织是在有限时间内，为完成一项复杂性任务而形成的非正式组织结构，其中团队成员拥有多样的技能，彼此间基本没有合作的经历，未来合作的可能性也极低。

临时组织的特征与信任形成有一定的相关性，体现在如下方面：

（1）参与成员（即信任主体）拥有能保证其加入到临时组织中的多种技能，组织创建者即契约人（Contrator）给参与成员委派工作，目的是发挥他们的技能和特长。但是组织创建者不管对任务还是人员都不太熟悉，因此不能用常规组织的方法进行共享资源优化配置。

（2）参与成员以前共同工作的时间有限（或没有），而且一旦任务完成，他们在将来也不大可能再共同工作。

（3）所承担的任务具有复杂性、非常规性（Nonroutine）、对组织的重要性和时间限定性四个基本特征。

（4）参与成员在任务执行的任何过程中都必须保持持续相互依赖。

在临时组织的复杂性工作及持续相互依赖下，为了将参与成员的个人知识和技能转化为相互依赖的工作，参与成员必须通过一系列类似于信任的行为来降低彼此间的风险。在任务的时间压力下，参与成员降低风险的简便方法便是将命运托付给彼此，以及在如此托付后按照对方所期望的方式行事。即在临时性组织的有限存续期内，为了取得信任，参与成员必须直接进入信任状态而不能随着交往的增加来建立信任。临时组织的信任必须是假定已经存在的[4]。这种组织的高水平初始信任就是快速信任，快速信任是适应临时性组织复杂性、独特性、对组织的重要性和时间限定性特点而形成的新的信任研究方向。

快速信任最早是由 Meyerson、Weick 和 Kramer 提出的，他们认为"快速信任是一种特殊形式的集体感知和相互关联，能够控制临时组织中的不确定性、风险、脆弱性和期望等问题"[3]。快速信任一反传统信任对个性、人际关系和情感的关注而转向对认知、行为和角色的关注，被用于解释临时组织如何构建及适应临时组织的独特信任。

快速信任与传统信任的显著区别体现在情境的脆弱性、不确定性和风险性三个方面。

第一，脆弱性方面。当临时组织感知到相互关联中的脆弱性大到足以影响信任时，相互依赖程度就会很高，每一个人的脆弱性都是相同的，都意识到需要信任。这时，组织通常要减少这种情境式脆弱性，采取的方式是减少相互依赖、有效地适应周围环境或把自己同周围环境"隔离"起来以及假定组织中的他人是值得信赖的。第三种方法是最好的，相互依赖程度越大，越有可能选择这种信任假定的方式来减少脆弱性。如果对别人充满信任，那么信任假定会成为一种自我证明的需要，能够创造出信任行为，仿佛人们真的相互信任。作者认为在道德和其他社会美德的自我满足感的作用下，信任假定通常会导致信任行为。

第二，不确定性方面。启用临时组织的情景特性会在组织中产生高度的不确定性，而这种不确定性能促使快速信任的形成。长期稳定的或正式的相互关联有助于高效地完成常规任务，在这种相互关联下重复互动能产生传统信任。相反，临时组织所处理的短期任务，通常没有明确的最优流程、互动方式和目标，或者没有前例，给情景带来了高度的不确定性。参与成员可能倾向于选择完全信任或完全不信任，二者都提供了更多的确定性，以减少情景的不确定性。所以，当面临着高度不确定性的临时组织必须快速做出选择时，由于参与成员没有机会通过重复互动来获悉彼此的信誉，所以参与成员间就会快速地产生信任或不信任。

第三，风险性方面。与信任紧密联系的风险是指人们在某种场合下做出选择，该选择造成的潜在损失要比潜在收益大很多。成立临时组织就是这样的一种选择，例如在灾难救援等行动中，由于缺乏多样化的组织资源，任何现有机构都不能处理所面临的重要但是又不符合常规的问题，就需要成立一个临时组织，在短期内聚合来自不同组织的力量，才能在规定的期限内完成单个组织所不能完成的复杂任务。从成本—收益来看，临时组织产生于巨大的、风险的场合之中，在这里损失一旦出现就会超过所获得的收益，即如果不能完成组织目标，那么会给所有为共同目标而努力的机构带来负面影响，威胁到合作的稳定性。所以信任是一种允许冒风险的态度，临时组织本身就是信任的一种表现。

快速信任有两个显著特征，一是集体认知性，二是行为导向性，这两个特征使得快速信任不同于一般的信任概念，成为一个独特的信任类别[4]。

（1）集体认知性：快速信任总是与人的认知因素高度相关，快速信任不在于强调感情、承诺和人际交流，而在于注重行为、认知以及劳动储备，其倾向于情景线索、个人披露的规避和适度的依赖，并强调对任务的专注。即，具有共同责任意识的认知性是搭建网络的动力。

（2）行为导向性：快速信任是个体在临时组织内愿意承担风险的意愿，且是这种风险承担意愿的真实性行为展现[5]。正是出于对恰当行为的需要才促使了快速信任得以存在的临时组织的产生。即，行为导向性是网络运转的基础。

总之，快速信任并非传统信任在由陌生人所组成的小群体内的适应或拓展，而是一种独特的集体意识和关联形态，这种集体意识和关联形态能够维持和促进人道物流快速成形网络内的信任性行为，并以此来更好地管理系统的脆弱性、不确定性、风险和期望问题，使得人道物流快速成形网络成为"组织"而非临时性群体。

## 1.2　研究目标和内容

### 1.2.1　研究目标

从 20 世纪 80 年代开始，对信任的研究已日臻成熟。例如，国际杂志 *Organization Studies* 于 2001 年出版了专辑"Trust and Control in Organizational Relations"以及 *Organization Science* 于 2003 年出版了专辑"Introduction to the special issue on trust in an organizational context"，详细研究了组织间、组织内和人际间各种信任问题，提出了许多信任的前因模型及其演化模式。

信任是供应链管理的核心概念（Ghosh，2008；王玲，2010），主要在供应链协同领域内研究，致力建立和维护长期的伙伴关系（Sahay，2003）。当供应链中出现不确定性和信息不对称时，信任显得尤其重要（Kwon，2004；Cheng，2008）。其优点表现为：能够降低供应链成员间的交易费用

（Zaheer，1998），降低供应链的风险（Das，2001），降低供应链的脆弱性（Peck，2005），消除供应链管理中的不确定性和歧义性（Sharfman，2009），加强供应链伙伴间的协同（Hausman，2010）。

快速信任在人道救援物流网络的快速形成中也具有非常关键的作用。人道物流快速成形网络是临时组织的一种，但其规模复杂性和意义重大性又区别于一般临时组织。救援机构在突发事件发生时组建人道物流网络，在突发情况得到解决后终止。在这种临时突发情况下，人道物流快速成形网络中的成员是彼此不熟悉的，几乎毫无共事经历，而且在这个网络中的成员不会依赖于传统的信任建立方式（如相互熟悉、共享经验、相互了解、威胁和制约、信守诺言以及相互依赖等）来构建常规供应链长期合作的伙伴间的信任关系，而是必须在工作伊始就建立起彼此间的高水平信任，因此，人道物流快速成形网络内便出现了一种特殊类别的信任，即快速信任。快速信任的构建显然能够解决上述矛盾，因此快速信任研究对于打造人道救援物流快速成形网络具有积极意义。

基于快速信任的人道救援物流快速成形网络是灾难管理及物流管理领域中的一个新的研究方向，国外的研究才处于起步阶段，国内的研究还未开展，有关的学术论文还非常少，研究成果也主要集中在信任与供应链长期伙伴关系之间的概念解释和因素分析，将快速信任理论和快速成形网络结合起来的研究更是少之又少。因此本研究具有非常重要的理论价值。

本书遵循"调查—理论—实践"的研究步骤，对我国人道物流开展基础性研究。在"调查"步骤中，从汶川大地震实例入手，研究人道救援物流快速成形网络模型，对人道救援物流快速成形网络的产生机理、动态变化以及网络特点进行分析，并在此基础上提出人道救援物流快速成形网络的快速信任模型。在"理论"步骤中，以提出的人道救援物流快速成形网络理论及网络内部的快速信任理论为基础，实现政府（行政部门和军队）、社会（人民团体、民间组织和志愿者）以及国际救援机构等多方参与者协同工作；在"实践"步骤中，结合我国突发事件和应急管理的现状与特点，提出建立和维护人道救援物流快速信任的措施，并将其应用到实际人道救援现场中，从而帮助 NGO、救援机构和地方政府机构提高联合救援的合作效率，最大限度地减轻灾害损失。

研究成果能够为当前应急管理理论提供新的理论视角和应用系统，消除了在人道物流快速成形网络中构建信任的"悖论";可以解决人道物流中各组织间协同困难的问题;减低人道救援中通过第三方协调救援参与组织的博弈风险,提高人道救援参与组织的反应速度和合作效率,从而在最大限度上减少灾难损失。

## 1.2.2  主要研究内容

本书的主要研究内容包括两个方面:人道救援物流的快速成形网络和人道救援物流中的快速信任机制。这两方面的研究是相辅相成的:要研究人道救援物流中的快速信任机制,首先必须要清楚人道救援物流快速成形网络的形成机理、特点,以及该网络参与者之间的不同信任模式,然后研究快速信任的形成机制和治理模型。

(1)人道救援物流快速成形网络模型、形成机理、动态变化模式和特点

以汶川地震中的人道救援物流为实际案例,根据人道救援参与组织的多样性和环境的特殊性,建立人道救援物流快速成形网络模型,并从系统理论着手,研究其形成机理和随灾难变化的动态演化模式,最后对比一般临时组织网络来总结人道救援物流快速成形网络的特点。

(2)人道救援物流快速成形网络的信任产生机制和治理模型

有三个信任形成途径:外围途径(Peripheral)、中心途径(Central)和惯常途径(Habitual),在分析它们的特点和前因的基础上,在人道救援物流情景下,研究快速成形网络成员之间和内部的四种组织层面的信任,即:计算信任(Calculative trust)、能力信任(Competence trust)、诚实信任(Trust in Integrity)和可预测信任(Trust in Predictability),然后分析在突发灾难救援中信任面临的脆弱性、不确定性和风险,判断其信任途径,研究其信任模式和产生机制,最后建立人道救援快速成形网络的信任治理模型。

(3)人道救援物流中快速信任的形成机理、驱动力模型和相关因素分析

快速信任是一种组织层面上的现象,快速信任的形成缺乏时间和往复互动。研究区分快速信任和传统组织层信任的快速信任标定指标,从两个维度构造测量工具(一维是情景风险和不确定性;另一维是情景互相依赖和脆弱性),研究人道救援物流快速成形网络成员快速信任的形成机理、生命周期,分别建立不同成员间快速信任的驱动力模型,以证据理论为基础

计算驱动力模型的因子影响力，从而找出影响快速信任建立的决定因子。

人道救援物流中快速信任的形成机理和驱动力模型研究涉及多个学科，包括心理学、社会学、神经系统学和管理学等，研究时需要对上述学科及其交叉领域都有了解和认识。同时，在计算人道救援物流快速信任驱动力模型因子的影响力时，需要设计模拟试验并发放大量调查问卷，建立结构方程模型和解释结构方程模型，这是一项复杂的系统工程。

（4）人道救援物流快速信任的治理模型

人道救援物流快速信任以关系视角和社会网络理论来研究快速信任与相关组织集合绩效之间的关系（直接的和中介的）。由于快速信任的脆弱性和动态性，很多活动都可能破坏信任水平，因此任何信任的维持都是需要条件的。研究基于第三方信息、先天性信任（Dispositional Trust）、社会规则、相同范畴、角色以及超常目标（Superordinate Goal）的人道救援物流快速信任的治理模型，提出人道救援快速信任的维护与修复措施和建议，构建我国人道救援物流快速成形网络的理论框架、运作流程、协同机制、快速反应机制及反馈控制机制，根据具体的约束条件及支撑环境，确定我国人道救援物流快速成形网络及其快速信任的目标、结构、层次和功能。从理论和实践层面提出维护和修复人道救援中快速信任的措施和建议。

# 2　人道物流快速成形网络

## 2.1　人道物流快速成形网络

人道物流快速成形网络作为一种独特的临时组织，其意义远大于一般的临时组织。在人道救援环境里，存在一种网络，该网络是以当地短期项目为共同目标的临时团体组成的网络，它联系了人道组织、政府、当地社区、公司和军队等多种形式的机构和组织，以完成灾害救援任务。Denning（2006）首次将这种网络定义为快速成形网络[1]。

### 2.1.1　快速成形网络

快速成形网络是一个多部门、多组织协同运作的有机整体。它的运行不依赖于传统的层级控制，而是在界定各成员角色和任务的基础上，通过密集的多边联系和交互式的合作来共同完成救援的目标。

快速成形网络包含几个基本元素：

（1）构成网络的成员来自于不同的组织；

（2）快速成形网络是快速组建成的一个网络；

（3）成员在一个共享空间中一起工作；

（4）一起计划、讨论和执行行动；

（5）需要完成一个大型的紧迫的使命。

快速成形网络是一个复杂的网络组织，它具有成员多样化的特点。在灾难救援的背景下，会有大量的临时组织（如志愿者团队、捐献者等非政府组织）、虚拟组织（如国际救援机构等非政府组织）及一般的稳定组织（如政府和军队等政府组织及红十字协会等非政府组织）参与到人道物流救援活动中，这就构成人道物流快速成形网络。

快速成形网络主要用于应对三类突发事件：

第一类是最容易应对的突发事件，通常是时间紧迫的、需要快速响应的商业问题；

第二类是相对容易应对的突发事件，如局部火灾和小地震等，通常参与响应这类事件的是专业且训练有素的机构，如消防组织和警察等应急组织。

第三类是难以应对的非常规的重大突发事件，如恐怖事件及大地震等，通常这类事件是任何单一组织都无法独自应对的，需要大量组织一起协同合作，具体如表 2-1 所示[6]。

表 2-1　快速成形网络应对的突发事件

| 种　　类 | 特　　征 | 举　　例 |
|---|---|---|
| 已知<br>（Known） | 知道如何应对<br>可以采用已有的网络架构<br>网络可以选择不去响应 | 时间紧迫的商业问题 |
| 已知-未知<br>（Known-Unknown） | 知道如何应对<br>不知道事件发生的时间和地点<br>应对的网络的架构是已知的 | 局部火灾、小地震、内乱及军事行动 |
| 未知-未知<br>（Unknown-Unknown） | 不知道如何应对<br>不知道事件发生的时间和地点<br>响应采取的网络架构是未知的 | "9·11"事件、大地震及其他重大自然灾害 |

本书以第三类事件为研究对象，由于重大突发事件发生后，一些道路、通信等基础设施可能受到损坏，因此政府组织及大量非政府组织等会迅速集中起来构成快速成形网络，网络中组织及成员各自发挥自己的技能，协同合作、信息共享，以最短的时间、最快的速度将受灾群众需要的物资送到受灾群众手中，最终实现高效率、高质量的人道救援。

## 2.1.2　快速成形网络的特点

快速成形网络是一种由大量的临时团队与虚拟团队组合而成的复杂网络组织，主要包括政府、军队等政府组织以及人道救援组织、捐赠者和企业（公司）等非政府组织，因此它兼具临时团队和虚拟团队的某些特点。

（1）存续时间有限。它随着危机的爆发而组建，随着危机的解除而曲终人散。

（2）没有绝对的领导，网络的运作不依赖传统的层级控制。灾难救援中，具有不同职业背景、来自不同部门或领域的专业技术或管理人才，跨越时间、跨越空间组成一个结构合理、功能协调、办事高效的组织。每一个人都必须进行自我管理，但又不拘泥于个人，而是通过加强各个成员之间的联系和协调，使各自技能得到充分的发挥和整合，使问题得到良好的解决。

（3）网络中成员间的地位平等，各成员间不存在从属关系，而是一种合作关系。运行方式以合作为主。组织成员的聚集是短暂的，有些成员之间甚至有可能没有机会相见，这就使得快速成形网络缺乏常规组织所具有的人员间的正常互动，常规组织的规章制度和工作准则在此也就失去了效力。组织成员之所以能够走到一起，并充分施展自己的才能，更多的是基于一种责任感和自我实现的价值追求，组织各成员在相互理解、相互依赖、相互信任的基础上，积极主动地寻求相互之间的合作。网络中成员的影响力来自于其本身所掌握的能力和信息，而不是来自于某种权利。在合作过程中，各成员彼此互不干涉，因而他们在地位上是平等的 。

2008 年汶川大地震救援中出现的"新驼峰行动"案例[10]，充分体现出了这些特点。"新驼峰行动"，是由上海浦东新区社会工作者协会、上海浦东发展中心、上海映绿发展中心、上海闸北区爱家青年社区志愿者协会、《至爱》杂志这五个机构共同发起的一个临时救援机构，联合了壹基金、吉祥航空、四川省红十字会等机构。在地震初期，在灾情究竟有多严重，应该做什么，怎么做都不清楚的时候，就能马上反应，迅速组建成一个初步的救助网络。"新驼峰行动"负责管理物资，壹基金负责存储物资，吉祥航空负责免费空运物资，而四川省红十字会负责分发物资。

## 2.1.3 人道物流快速成形网络面临的挑战

灾难带来的巨大挑战体现在：灾难发生后，难以及时配送关键救援物资以帮助需要救助的人民。原因在于：

（1）物流的技术活动赖以正常运行的社会网络中断或遭到严重的毁坏；

（2）物流的社会—技术流程所依赖的基础设施和通信系统受到影响而

无法充分发挥其功能；

（3）基础设施条件存在巨大的不确定性；

（4）必须运送关键救援物资，其数量巨大且动态变化；

（5）救援应对和防止生命和财产损失的时间窗口非常短暂；

（6）实际需求、需求地点以及当地可用资源都存在巨大的不确定性；

（7）地方政府、民间团体和私营部门的灾难应对能力可能受到灾难事件影响而减损；

（8）当地的大量关键救援物资，如卡车和储备物已损坏，错失了第一波的救灾援助；

（9）灾区不需要的捐赠物资大量涌入，占用了其他重要救援任务的资源，使得救援应对异常复杂化（Holguín-Veras et al., 2012）[6]。

基于此，人道物流与商业物流在社会成本、物料汇聚、决策架构、需求模式、社会网络的状态、支撑系统的状态和物流活动频率与数量等 7 个方面差异巨大。人道物流的独特特征如表 2-2 所示（详见冯春等，2015）[7]。

表 2-2　人道物流的独特特征

| 特点 | 商业物流 | 人道物流 |
|---|---|---|
| 目标追求 | 最小化物流成本 | 最小化社会成本（剥夺成本+物流成本） |
| 物品来源 | 独立的 | 物料汇聚 |
| 决策架构 | 由少数决策者控制的交互性合作 | 无交互性合作，多个独立决策者 |
| 需求模式 | 有一定的确定性 | 动态的、不了解的 |
| 社会网络 | 正常 | 严重破坏 |
| 支持系统 | 稳定的、运作的 | 受影响的、动态变化中 |
| 物流活动 | 重复的、相对稳定的、大量的 | 一次性的、大波动、小数量的 |

当灾难发生后，例如汶川地震，对灾区造成的严重影响如下所示：

（1）对建筑物的影响：当地社区建筑大多或全部受到严重损毁，许多应急救援机构的设施和运作基地被损坏；

（2）对地方政府的影响：当地官员不能承担起正常的工作职能；

（3）对当地社区的影响：邻近社区不能提供救援帮助；

（4）对社区职能的影响：社区的日常功能中断；

（5）对灾民的影响：长时间内，有大规模的人员迁徙；

（6）对政治进程的影响：灾难造成了设施的有形损坏和社会秩序的混乱，可能揭示一些腐败行为或不作为行为。

这些影响的相互作用，给人道物流快速成形网络带来了深刻和巨大的挑战：

（1）对物流的社会—技术流程的挑战：物流的社会—技术流程有三个组成部分：社会网络、技术活动以及可依赖的支撑系统，即社会网络（包括发送者、承运者、接收者等），在支撑系统（运输和通信等）中组织的一系列技术活动（库存管理、路径规划、价格制定等）。任何一个组成部分的失误都会造成整个社会—技术流程的中断。

（2）对随时可用物资的挑战：当地社区随时可用的关键物资储备在灾区家庭和商家中，它们大部分（在某些情况下全部）已被损坏；

（3）对商业供应链的挑战：在正常情况下，商业供应链可以满足社区的全部物资需求，但它已中断（其恢复需要数周的时间）或完全损坏。

（4）对灾区需求的挑战：来自幸存者、应对流程本身和当地商店的需求会急剧增加，这是由于预防或投机行为，他们中的一些个体（大部分是来自灾区外部的个体）购买了远超正常需求数量的物资，造成"需求超载"。

（5）对网络结构的挑战：网络中的人道救援组织为了获得捐赠资金、物资和媒体关注而竞争，盲目聚集在"明星灾区"，甚至会因为争夺救助对象或服务区域重叠，而引发组织间的任务和责任范围冲突，从而导致组织间的协同合作降低，高度信任缺乏。一般的基于项目而建立的临时网络具有明确的开始时间和结束时间，而人道物流快速成形网络没有明确的起止时间，对目标任务缺少准备。快速成形网络团队的临时团队特征和团队之间的功利态度易造成工作效率的低下。

（6）对多机构响应的挑战：对于大规模的突发事件而言，几乎没有任何一个机构单凭自己的力量就可以完成整个救援活动，因此各个机构必须合作起来，包括军队、民间政府和私人机构。然而这些机构或团体间几乎没有共事经历。灾难属于"一致性危机"，救援目标比较一致，相互冲突的可能性不大，但是突然增加的大量救援行动，势必造成协调上的困难。在灾害救援中，随着"需求超载"而来的是"供给超载"（Supply Overload），由于缺乏组织间协调计划和有效的组织管理，分散式行动有时非但不能帮助灾民，反而造成混乱。因此如何迅速从"共存"状态转向"合作"状态是快速成形网络的最大挑战。

（7）对分散式响应的挑战：参与人道物流救援活动的组织众多，他们的响应是分散式的，可以分布在许多地方辖区。此外，组织通过权威分配资源和达成决策也是分散的。可能过分集中在某些要道和医院附近，造成了人为的拥堵，以至于急救车无法快速通行，直接影响抢险的效率。在原本"灾害互助"和"利他主义"的情境中，如果参与者都选择短期与自我利益而不顾及其他人的利益，就会导致社会困境（Social Dilemmas）的出现。因此如何协调分散的响应也是快速成形网络面临的挑战之一。

## 2.2 人道物流快速成形网络的实践与经验

本节简要总结发生在 2008 年的汶川地震和 2013 年的芦山地震两次自然灾难中涉及的人道物流准备工作和应对工作中存在的问题和解决思路。

### 2.2.1 准备阶段中的人道物流实践

在应急预案中有关人道物流的内容不多。当地政府部门都设置有相应的应急管理部门，制定了相应的应急预案，处置对应的突发事件。由于这些预案只考虑了小型灾害，当大型灾难来临时，这些应急预案难以得到实施。同时在这些应急预案中没有充分地考虑到人道物流的运作方案，仅仅设定了数量有限的应急物资储备库，而没有详细的当地配送计划，没有确定整个人道物流运作所需的人力和资产，寄希望于其他机构来负责这些救援物资的配送。

在应急演习中有关人道物流的环节不够。在地方政府例行的应急演习中，难以发现人道物流的环节，仅有的只是将物资从红旗连锁超市运送到指定的演习地点。由于缺乏复杂且切合实际的应急演习，在灾难的应对阶段，救援机构难以准确判断灾难带来的问题，当地配送面临巨大的挑战。

在合作协议中有关人道物流的细节不足。救援机构和地方政府愿意与企业签署合作协议，将企业作为救援能力储备，例如与建设企业合作以清运垃圾和开展重建工作，与快递物流企业合作以从外地运输救援物资到政府运作的配送中心。目前签订的协议太过笼统，没有明确关键的细节，例如避难所的定位、救援物资当地配送的责任官员、运输货物的数量和种类，这样难以识别出当地配送的复杂性和难度，严重影响救援的效果。另外，地方政府与快递物流企业之间建立的合作关系（或信任）还相当缺乏，一旦建立起良好关系或称为信任，即使在协议中有不明确的部分，快递物流企业还能为地方政府快速地提供其当地资产，及时地报告其最急需的救援物资在何处有和在何时有。

在人道物流中网络结构的鲁棒性不强。我国的应急管理体制的特点是分级负责和属地管理，对于一个行政区域，如四川省，人道物流网络结构为三层结构（如本书第 3 页图 1.2 所示），顶层是省级政府负责的配送中心（省级应急储备库），中间层是地县级政府负责管理的配送中心（地县级应急储备库），救援点在最底层。这种结构非常脆弱，一旦灾难的应对难度超过了中间层的能力，省级政府就要承担大部分的当地配送任务，但省级政府还没有对此做出准备，也没有相应的实物资源，在这种情况下，容易出现过度依赖中央政府和对口支援地政府的局面，即将救援物资直接调配到一些临时的配送中心和救援点，难以协调救援物资的发送，无法实现任何形式的集中管控。随着时间的推移，该系统的结构会发生变化，一些配送中心将成为非优先级物资和低优先级物资的仓库，非优先级物资和低优先级物资在最繁忙的配送中心装卸，造成这些地点拥挤不堪，人手紧张，使得这些配送中心的装卸、分类、存储和管理等运作异常复杂。

## 2.2.2　应对阶段中的人道物流实践

### 2.2.2.1　灾难运作计划不完善

实际灾难现场远远超出应急预案所能准备的情景，有些灾区甚至完全被摧毁，不能启动任何应急预案。导致至少在灾难发生后的六天内，数十万幸存者没有得到所需的救援物资。如果没有令人钦佩的社区互助精神，幸存者与其邻居分享储备物资，灾情将会更糟糕。在灾难发生初期，当地供应链被摧毁，当地政府对此无能为力，一些运输企业和物流公司迅速地行动起来，司机也成了志愿者，他们志愿对救援物资进行当地配送，负担了当地配送的费用，由于他们的志愿行为，支撑起当地商业，避免了灾情的恶化。但是仍有许多运输企业由于得不到当地政府对其回程汽油的保证，而放弃了志愿服务。因此在灾难救援运作过程中，为大型灾难制订相应的灾难运作计划是非常重要的，其中包括人道物流计划。

### 2.2.2.2　社会救援力量统筹程度不高

尽管许多志愿企业有很高的专业技能、丰富的经验和相关救援经历，还是很难在短期内提高人道物流的能力。他们需要一周以上的时间才能给救援点配送救援物资。这是因为灾难的复杂性和巨大的冲击使他们感到震惊和不知所措。他们不了解救援点实际的需求，也不了解道路和桥梁的条件，人道物流的运作也缺乏统一指挥，导致灾区中关键救援物资的当地配送成为一个巨大挑战，世界级公司也不能等闲视之。所以在灾难应对计划中认真考虑如何提高社会教授力量的统筹度以解决当地配送这个挑战性问题是非常重要的。

### 2.2.2.3　应对资源相当缺乏

灾难后需要良好的通信设备如卫星电话和直升机进行搜救，并利用卫星图像评估基础设施和道路条件，以防止灾区成为孤岛而导致灾情不断恶化，而实际灾难现场中的这些应对资源常常非常缺乏，难以满足人们的需要。

### 2.2.2.4　人道物流责任不清晰

一个灾难救援现场的配送中心应当只有一个责任人被授予第一现场处置权和处理人道物流任务的权利，并遵从总配送中心的配送和库存管理指令，才有利于配送任务的顺利进行。然而，在政府和志愿者同时参与的灾难救援物资配送过程中，政府常处于主导地位，拥有处置权，志愿者通常处于从属地位，若政府对志愿者态度冷漠，不授予相应的权利，且无合理的付费或退出流程和机制，矛盾和冲突必然会发生，汶川地震应急救援中就出现过这种情况。志愿者退出服务流程和志愿服务转化为收费服务机制的缺失，也常使作为志愿参民救援的物流企业陷入两难境地：继续志愿服务则无法无限期地消化其配送成本，放弃救援行动而无可行的替代方案则有损其声誉。这种两难境地会对物流企业的善举和爱心产生非常不好的影响，并可能会影响到物流企业参与下一次灾难救援的积极性。因此，政府应针对应对阶段中存在的上述问题，制定相应的制度和机制，使志愿者有章可循，权责清晰，促进人道救援的可持续性发展。

### 2.2.2.5　供需匹配的缺口较大

由于救援物资与需求在不断地动态变化，救援物资的优先级也在随时间变化，捐赠的物资如衣服特别难以匹配幸存者，这是因为无/低优先级物资的过度捐赠造成了"物资汇聚"的问题，在此认为是"二次灾难"。无/低优先级物资不仅抵达的数量巨大，而且抵达的时间还是应对人员正在忙于其他更重要活动的时候，给救援工作带来了复杂性，使救援运作中断。据不完全统计，30%的人力被用于处理这些根本不需要和不必配送的物资，占据了 40%~50%的仓储空间，使用了 50%~70%的车辆。棉被、衣物和水是排名前三的无/低优先级物资，但救援物资的优先级是动态变化的，例如，在汶川地震应对的第一周，天气寒冷，棉被是高优先级物资，随着天气回暖，棉被就成为低优先级物资，有些灾区超过一半的棉被未被使用。所以，政府应及早吸引社会团体和个人参与救援，以便能够更好地根据灾民的生活方式和社区特点准确预测需求，并根据需求供应物资，减小供需匹配的缺口。

### 2.2.2.6　公—私协同程度不深

缺乏公—私协同的运作计划，难以协调和管控救灾物资的发送。军队虽然具有出色的前线救援能力，能将第一批救援物资送到孤立地区，但军队只能发送基本救援物资，而且其车辆的设计不适合短途物流运作，只适合长途运输，难以胜任当地配送，而当地物流配送单位虽适合承担当地短途配送任务，但其与军队间的协同机制还未完全建立，导致衔接不畅，影响了配送效率。因此，地方政府应与地方物流协会制定紧密的协同协议和机制，深化军队—地方的协同运作程度，提高物资配送的效率。同时军队—地方的协同机制还未建立，需要减少对军队的过度依赖。所以，非常重要的是地方政府与物流协会建立起紧密的协同协议。

### 2.2.3 人道物流快速成形网络的经验总结

人道物流快速成形网络在灾难准备阶段和应对阶段的实践过程中，主要有如下的 12 点实践经验总结：

（1）灾难运作计划还不能适应最坏的灾难情景，因为它们主要是针对某些特定的公共事务部门所能处置的一般突发事件而制定，忽视了一般灾害与重大灾难对救援需求的本质差异，以及人道物流运作的非对称扩展性：应对小型灾害的简单人道物流主要工作是将救援物资运送到为数不多的几个配送中心和救援点，难以扩展到应对灾难救援；为应对灾难事件而设计的人道物流要为数量巨大的配送点进行复制的当地配送，容易缩小到应对小型灾害救援。

（2）灾难运作计划还不够详细且可操作性差，因为我国应急管理体系重心偏上，各地政府在制定预案的过程中往往上下"一般粗"，下级的应急预案就是"依样画葫芦"，不能适应当地的具体情况且缺乏可操作性，当人道物流成为救灾的关键挑战时，它们不能指导当地政府开展具体的救灾工作。

（3）人道物流在当地缺乏指定的主要责任者来负责解决物流企业遇到的各种问题。物流企业与政府之间缺乏常态化信息沟通机制：有兴趣参与人道物流的物流企业和个人不知道与谁联系由谁协调，同时负责人道物流的当地领导也不知道联系哪些物流企业以满足其紧急的需求。

（4）运输和物流企业参与行动大多带有临时聚合和缺少计划的特点，时有被谢绝的情况出现。然而建筑企业和零售企业因为能够提供专业知识技能和救援资源，在救援行动中发挥了关键作用。

（5）当地配送是整个人道物流救援过程中最具挑战性的部分。

（6）人道物流培训和实际演练的缺乏显著地减弱了灾难应对的效益。参与人员中少数具有商业物流的经验，但大多数掌握的人道物流知识体系还不够专业系统，甚至不能在第一时间做出正确反应，浪费黄金救援时间。

（7）缺乏多式联运方案，延缓了重要物资向灾区的调拨发放。

（8）缺乏与现场有效沟通的手段，难以评估实际需求。

（9）在灾难应对中，大量的救援物资需要从灾区外调用进来。

（10）返程汽油在灾难应对初期的缺乏阻碍了众多运输公司的志愿行动。

（11）大量的无/低优先级的捐款物造成了物资汇聚，消耗了大量的宝贵救援资源，耽搁了更重要救援活动的开展。

（12）重要救援物资遭到灾区外个体预防性或投机性的抢购，灾区幸存者的需求难以得到保障，加剧了人道物流的挑战。

## 2.3　人道物流的发展建议

这些实践经验可以为人道物流模式重构策略提供基础，发挥人道物流在未来突发事件应对中的关键作用。这些策略的核心是保证人道物流运作的可扩展性，这可能是确保应对计划鲁棒性的唯一途径[9]。这些策略将在下面继续讨论。

### 2.3.1　创建一个物流委员会，整合多元主体，锻造应对合力

正如实践经验（1）和（4）所概述的，人道物流在灾难应对时遇到的许多问题都来源于不熟悉灾难救援的独特需求，以及缺乏救灾资源。出现这种现象的原因在于中国应急管理体系依据全能政府的理念，构建了"强政府－弱社会"的家长制社会动员体系，企业、公众等社会主体基于政府的动员及感召，采取被动配合的行动，这种方式属于撞击式临时聚合和短期联手，缺乏持续支撑组织化行动和制度化协同的运行机制，呈现较强的被动性和滞后性。为了激活社会组织，统筹整合全社会的应对资源，将自上而下的行政动员、自下而上的社会动员与水平方向的市场动员有机结合，本书建议成立一个由企业（食品、饮用水和药品企业等）、行业协会、社会团体和公众代表共同构成的物流委员会，并对各成员进行培训和认证，使他们成为合格的人道物流领导人，在灾难中肩负起管理主体的协商合作职能。在本质上，这些人将成为人道物流的一个"储备"，在需要时能紧急征召。同时物流委员会还能成立人道物流协调中心，让外来团队能有序参与到灾难应对中，统筹整合社会的应对资源。

物流委员会带来的好处如下：（1）物流专业人士能更深入地了解当地的救援条件，有利于牵头救灾工作。（2）公共部门能深入区域物流网络内部，扩展其管辖权边界，有利于形成多元的公私合作模式。（3）能联系到

更多的物流企业和社会组织，有利于发掘潜在的可用救援资源库。（4）能够组织和培训物流志愿者网络，志愿服务社区管理工作和当地配送关键救援物资，有利于解决人道物流的一个主要挑战：需要大量人力从事救援物资配送等救援工作。本书建议物流委员会前摄性地与当地社会组织、慈善团体以及能够胜任当地配送工作的民间组织保持密切联系，将这些社会力量纳入到应急预案中，允许他们建言献策，贡献其专业知识与专业救援能力，拓宽社会力量参与灾难救援的渠道，实现政府与社会组织灾难应对行为的良性互动。

## 2.3.2 动态管理灾难应对计划，适应不同程度的突发事件

灾难救援实践的一个关键经验在于不能理所当然地认为灾难应对计划是可扩展的。一个鲁棒性的灾难应对计划是能够在一个比较宽泛的突发事件范围内如期执行的，即要确保每一个给定的运作是可扩展的。灾难规划者必须评估从小型灾害到大型灾难的各种救援需求，设计出可扩展的应对运作。例如，根据救援点所需的救援物资/服务，动态向上或向下调整救援资源的输入来满足需求。通过研究救援需求的广度，并设计相应的应对计划，灵活地无缝扩大或缩小其运作，以满足现场需求，确保类似的运作模板适用于不同程度的救灾情景。同样重要的是，这些灾难应对计划要能非常具体地帮助到灾难应对人员：考虑和识别配送中心和救援点的位置、提供设施被损坏时的备选方案、安排人员以及前置救援配置物资等。这些可以显著增加救灾应对计划的鲁棒性和灵活性，提高救灾应对计划的准确性、科学性、指导性和可操作性。

## 2.3.3 动态管理灾难应对计划，整合外界的帮助

鉴于人道物流的复杂性和重要性，尤其在应对大型的灾害和灾难时，需要广泛动员社会各阶层参与进来，快速凝聚大量的救援资源，这是减少灾民痛苦和加快灾后重建的唯一途径。这就需要厘定权力边界、明确运作流程、细化运行规范，建立完善责任明确、标准统一、流程严密的灾难应对计划，以最小化协调，避免救援工作重叠、相关干扰以及由于缺乏协调产生的信息沟通、资源调度等问题；还需要明确援助的优先级，确保援助

的最大效益。要实现这些要求，除了建立综合协调机制外，还需合理分解各项救援任务、协商个人作业的最低标准水平。针对人道物流，需要把灾区划分成大小合适的救援区域，分配给不同的救援团队，给所有相关人员培训基本救援技能，确保他们知道该做什么。同时制定一些重要的技术细节，如在救援现场准备充足的油料，分享给参与人道物流救援的企业。

## 2.3.4　培训人道物流的潜在参与者

由于人道物流是一项具有较高技术要求的复杂活动，完成的人道物流工作越复杂，越有利于减轻灾民的苦难。这样就需要给所有的人道物流参与者提供专业培训，提高其个人技能，救援组织也就能够雇佣到大量的受过专业物流培训的人员，组织其自有物流。此重点在于：

（1）基础人道物流运作的培训。受训人员包括当地的官员，物流委员会的成员，企业中的物流人员，社会网络中的社区领袖。培训内容必须包括：人道援助的标准、控制物资汇聚的流程、灾后需求的预测、基础设施受损的评估、团队的建设和压力的释放。

（2）实际或模拟的演练。提高所有参与者自救和互救技能和意识，建立起能在灾难救援真实情景中出现的主观能动性，增强应对灾难的自觉性。

（3）当地及区域社会网络的培育和支持。非政府组织、非营利组织和社区组织构成的社会网络是开展人道物流工作最直接的合作对象，是理想的当地配送者，原因在于他们数量庞大，联系紧密和富有爱心。

## 2.3.5　前置关键救援物资和设备

在灾难或者巨灾发生后，当地救援机构很难提供大量的第一波救援物资救助幸存者。这是因为当地库存和物流资产可能遭到破坏，救援需求大幅增加，而以最小化库存为特征的现代供应链又难以满足巨量的突发需求，所以大量的关键救援物资只能从灾区外部调运进来。这类物资有两个潜在来源：（1）企业在其配送中心和仓库中的库存或在途存，（2）由救援机构维护的应急储备库中的库存。

位于灾区邻近的区域应急储备库是不大可能受到巨灾影响的，其关键救援物资和设备也可能幸免于巨灾损害，完好的储备物可以成为调运到救援现场的第一波救援物资。所以，需要在事前与相关企业签署相关协定和合同以确保在需要的时候能征用其储备物资。如果灾区附近没有区域应急储备库，或者储备物资的数量不足以作为第一波救援物资时，唯一的选择是救灾机构前置的关键救援物资。值得注意的是不能完全依赖当地储备的关键救援物资和装备，这些当地储备物非常容易被突发事件所摧毁，如海地地震和日本地震就是先例。

### 2.3.6 控制物料汇聚

物料汇聚中的无/低优先级救援物资，以及关键救援物资被预防性或投机性抢购，给人道救援带来了挑战。在这样的背景下非常重要的是：（1）制定正确的控制程序，只允许高优先级的救援物资进入灾区，将低优先级的救援物资转移至灾区外部的二级配送中心，同时拒绝或销毁非优先救援物资；（2）实施前摄性的捐赠管理计划，公布捐赠指南，为潜在捐赠者提供何时需要何种捐赠等信息；（3）通过新闻媒体报道实际的救援需求；（4）尽可能地用信息系统来完成现场需求与潜在捐赠者之间的匹配。多个行政区划的信息系统要整合在一起，可以作为一个"虚拟"的前置物资储备库，能更容易地应对灾难。

### 2.3.7 控制预防性或投机性抢购

配送到救援现场的第一波救援物资主要来自于灾区附近，救援机构必须采取措施确保灾区附近的关键救援物资不会被预防性或投机性抢购一空，这种抢购行为的减少，就能为灾区幸存者提供更多的救援物资。这就必须做到：（1）与主要的供应商达成协议，允许救援机构征用他们在库的关键库存物资。（2）教育民众按需购买，避免过量的购买行为。（3）吸引商贸企业到灾区营业，将救援物资引导到灾区。（4）落实配额计划，直到局势稳定。

在本书的后续章节将从信任，特别是快速信任的角度来论证这些策略在人道物流网络中的合理性。在人道物流环境下，一大批来自各种组织的个体，接到其组织（各具其独有的组织文化）的临时通知在短时间内聚集起来，其快速成形网络是在没有预警或者事前警告非常少的情况下组建的，在网络运行的初期，其成员并不清楚情况，救援现场（如灾区）出现的人员进一步使得网络成员复杂多样，同时，虚拟连接网络并远程管理网络的组织总部成员一样加重了网络的复杂性。像这种虚拟的网络成员和面对面的网络成员共存的现象在其他产业领域中也是非常普遍的。在虚拟—面对面的混合网络中，这些产业一样需要建立长期关系。因此研究灾难救援中的快速形成网络对如何建立起网络的信任具有重要意义。

# 3 灾难救援中的信任

信任对供应链绩效有着积极影响，有利于信息共享、专属关系投资和降低交易成本，信任需要在供应链的长期合作关系中发展，但是还缺乏对供应链信任的共识性定义。在灾难救援中出现的人道物流快速成形网络结构呈现"非层级化"和"去中心化"特点，自组织特征明显。网络成员异质化身份和丰富的公益资源使得他们在灾害响应时能快速而有效地协作，但人们很少关注需要在短时间内形成的信任。

信任是人道物流网络的基础，没有信任就没有人道救援物流网络。非政府组织节点对政府组织节点的信任，会增强顺利应对危机的信心；非政府组织节点之间的相互信任，会增强整个网络的覆盖层面与资源数量；政府组织节点对非政府组织节点的信任，会让非政府组织节点拥有更多的响应空间，发挥出更大的效应。然而信任是什么？

## 3.1 信任概念的内容

关于信任的研究论文虽然广泛存在于管理学、社会学和心理学领域，研究信任的学者也为某一个特定领域（商业、政治、技术、组织、安全等）量身打造出他们自己的定义，但是，这些定义要么预设了信任的一些重要组成部分，而失去或离开信任的本质；要么仅仅适用于某些偶然和特定的领域，很少有相互重叠的部分，因而还没有一个共识的、清晰的和有说服力的信任概念。所以，在各种特定的应用和不尽其然的片面的定义之外，还需要理解和开启信任的共同深刻含义和核心概念。

Castelfranchi 对 72 种信任定义的内容进行分析，这些信任定义涵盖了以下几个领域：管理（46%）、市场营销（24%）、心理学（18%）和社会学（12%）[11]，通过分析信任内容的 818 个条款和 273 个不同的术语，揭示了当前信任定义的疑惑程度和歧义程度，分析的结果凸显了信任是定义在 5 个类别的基础上的，这 5 个类别相互关联，它们分别是：

（1）认知结构：信任被认为是一种期望，一种信心，一种意愿和一种态度。

（2）被信任者：通常是个人、团体、公司、组织、供应商等。不同性质的被信任者（个人、组织和社会机构），对应着不同类型的信任（人际的、组织间的和机构间的）。描述这些被信任者常常参考不同特征的定义，这些特征包括特殊能力（Competency）、身份（Capacity）、无机会主义动机、个人价值观以及信任他人的倾向等。

（3）行动和行为：信任的行为是信任概念本身的基础，信任者和被信任者的行为都必须考虑信任关系的一致性。有关信任行为方面的研究也显示出多维度的性质。信任者有行动的自由，信任者可以根据自己的信心选择信任或者不信任，否则就是一种依赖。被信任者也具有行动自由，其行动不在信任者的控制下，这是信任机制区别于合作机制的根本。

（4）行为的结果：对信任者来说，被信任者的行为被认为是可预测的和积极的。信任的两个典型结果分别是对他人行为的可预测性，以及行为所产生的有利于实现信任者目标的结果。

（5）风险：没有不确定性和风险就没有信任。信任者必须相信信任是在一种不了解或不确定状态下出现的。他们必须心甘情愿地把自己置于一个"相对于被信任者的脆弱性位置"。风险、不确定性和歧义是分析信任的基本前提，也是为了实现可预知的目的，成为描述信任的重要元素。

这些分析还是存在一定的局限性，主要表现在：针对信任定义中反复出现的不同术语，不能反映出这些术语之间更强的相互关系，例如，只指出它们有部分的同义词，而不能指出相互依存的部分，或者描述彼此间的相互影响等；还将信任的定义仅仅局限为一个经验性的、描述性的和相关性的解释，例如，信任已经明显地被视为一种期望，一种信念，一种意愿和态度。

为了充分理解信任概念的特征，我们需要从信任的不同侧面，深度分析已有信任概念的相互关联，这是因为一个好的定义应该能够覆盖不同的方面，并解释它们的相关性和它们的相互关系，并促进它们的排他性。我们认为信任是一个关系型结构，应包含以下几个方面的内容：

● 信任者 X，一个有意向的实体，例如一个组织，我们认为它是一个认知主体。

● 被信任者 Y，一个实体，能够产生某些影响，以此作为其行为的结果。

● 行动及其结果，Y 的一个行动 α 可能产生的预期的结果 O。

此外，我们还认为信任是一个分层的概念，有几个不同的（虽然相关）意义：

● 从其基本意义上说，信任只是 Y 的一种心理上和情感上的态度或倾向，包括两种基本信念：评估与期望。

● 在更丰富的应用中，信任是一个基于性情的决定和意向。

● 其行动依赖于对 Y 的期望行为。

● 是在 X 和 Y 之间建立起的社会关系。

所以，一个良好的信任定义必须明确地考虑多层概念中不同元素之间的两类关系：概念—逻辑关系和过程—因果关系。即，一个令人满意的定义应该能够回答下列问题：

（1）信任的所有现象和它的组成要素之间的相互关系是什么？为什么后者包含在前者中，前者如何从后者中显现？

（2）信任的不同特征之间有什么样的成对关系？例如，信念与期望，或者结果与依赖之间是如何相互作用的？

（3）信任作为态度（信念、评估、期望）与信任作为决定和行动（依赖、接受、使其脆弱、依靠等）之间存在什么样的概念联系和流程关系？

## 3.2　信任概念的元素

对 Castelfranchi 提到的 72 个信任的定义内容进行分析后，发现这些定义存在一些分歧，许多概念存在非常或完全隐晦和不明确性问题。

### 3.2.1　目标和需求

目标和需求是绝对必要的，但经常被忽略或者未被阐明，与信任者依靠被信任者所完成的结果以及所求有关。

当一个给定的信任定义中提到某些"正面"结果，或者信任者的"福利"或"利益"之时，以及当涉及"依靠""依赖"或"脆弱性"等概念时，隐晦和不明确就出现了。

"正面"指的是当主体有一定的关切、需求、愿望、任务或者意向（更一般地说，一个目标）时，该主体就有某些"正面"的事情。这是因为"正面"的事情意味着事件或状态或行动有利于实现这样一个目标，而"负面"的意思正好相反，即某些目标面临威胁或挫折。

"脆弱性"是指信任者的依赖行为要承担一定的内在成本，当期待的行动和结果潜藏着失败的时候，相对于被信任者，信任者就变得特别脆弱：即被信任者不能完成行动 α，或者这个行动没有实现期待的结果 O。正如 Mayer 在 1995 年定义的那样，信任者将自己的脆弱性置于被信任者之下[12]。

"福利"是信任者需求和愿望的满意度，其参照是信任者依靠并依赖被信任者的期待的行动或结果。Deutsch 在 1985 年提出的著名的信任定义中，认为信任是自身福利所依靠的一个实体[13]。所以，信任者的目标显然是预先假定的。

由此，我们需要讨论信任者主动关注的必要性，即在信任某人或某物的决定中，目标所起的作用以及关于未来的全部期望，而不仅仅是信心（预测）。

## 3.2.2　评估

信任是一种评估，是关于 Y 的一个正面评估，这是另一个经常会被忽略的方面。

评估是一种态度，是一种信心，该信心是关于 Y 针对某个目标所具备的一些才能（能力、技能、天赋、质量；或者是缺乏能力）。因此，关于 Y 能够并且愿意分享所得的 O 的看法，就是一种信心，该信心实际上就是对 Y 的评估：当有足够的信任时评估是正面的，当不信任或者缺乏自信时评估是负面的。

信心、期望、评估之间的紧密关系。就信任而言，有关 Y 的能力和意愿的信心同时是期望（关于未来）和评估（关于能力和意向）的一部分；X 决定信任的依据可能还是对 Y 的其他正面的评估，例如，智力、诚实、坚韧。

与信任作为一种评估或者期望相反的观点是信任作为一种决定和行为（例如，使自身脆弱的行为、有风险的行为、给 Y 下赌注的行为）。这两个观点是无法比较的，后者更偏向于信任具有双重意思，它们之间有一种特定的结构关系。更确切地说，信任作为决定/行为就预先假定了信任作为评估/期望。

### 3.2.3 行为

信任的行为方面，这是另外一个经常会被忽视或者混淆的问题。例如，为了让信任成为一个恰当的选择，明显不同的行动者必须执行不同类型的行动。

关于被信任者的行为，经常被忽视的是：

（1）这个行为可能不是有意的。首先，被信任者可能没有意识到我们依赖于他，或者不知道这次行动的特定结果会被我们利用。第二，我们所利用的行动可能就是一个没有意图的行动：例如一个反应式行动、或者一个例行常规。第三，如果我们赞同人们可以信任自然过程或人工制品[见（3）]，这样的一般性概念，那么，一种自然事件或一件人工制品所代表的过程和期望结果就不是有意的。

（2）不作为：例如什么都不做，不做 α，放弃 α。很明显，不作为可能是行动，甚至是有意图的行动，在这种情况下，它们就是一个决策的结果。另外，不作为也可能是某些选择机制更具程序性的结果，或者仅仅是一个反应式过程的结果，以及对前一个状态进行的静态或者被动的维护。忽略掉不作为的自然属性，信任者正好期望、渴望、依赖的事实却可能是 Y 将不会做具体的行动 α，或者 Y 完全不会做任何事情。

（3）被信任者没有必要是一个认知的系统，或者是活生生的、自主的主体。信任可能包含我们日常活动中所依赖的许多事情：规则、程序、惯例、基础设施、技术和人工制品，还有工具、权威、机构、外围规律等。它隐藏的事实是，当我们相信某人的行为时，我们一定要相信一些外部环境条件和过程。所以，减少对别人的信任不仅仅是一个随意的自我限制，也可能是对现象正确解释的偏见。然而，它仍然能够准确地反映出社会信任的特点，这显然是非常重要的，即另一个主体中的信任作为一个主体，就是对另外一个人真实或典型的信任。

目前文献中关于信任者行为的研究存在问题，如下所示：

（1）对信任者的行为和被信任者的行为常常缺少一个明确的区别。很明显，信任者的行为存在于信任的行为中，也存在于对 Y 的依赖和决定依赖 Y 中。

（2）另外，更重要但还没有引起足够重视的是：信任的"行为"是信任概念的一个必要组成成分（即作为决定和后续行动），但不是作为信任其他概念的初步心理态度和评估。由于这种关键差别被认为是一个语义歧义，而不是这个复杂现象内部中的相互关系的有价值的洞察。信任的这两个方面之间：心理态度和依赖行为的决定，一直缺少一种逻辑理论和因果关系。

### 3.2.4　态度

态度与行为是两个相互纠缠的信任元素，体现了信任的两个本质，要区分这两种不同类型的信任及其含义，我们所需要的是一个层级式的定义，同时明确解释含义相连的不同定义之间的概念关系。而不是通过收集一系列不同的含义，共享彼此的某些特征。

信任的结构化层次分别是作为心理态度的信任和作为行为的信任，我们需要区分这两种信任方式：

（1）作为心理态度的信任：X 对 Y 的心理态度，发挥着简化复杂的功能，是否与 Y 的某些可能令人满意的行为或者特点有关。

（2）作为行为的信任：决定将他人不确定的行为置于一种确定的情景中，是否需要依赖 Y、依靠 Y 并取决于 Y 的行为。

我们认为这两种信任类型之间存在着两重联系：

● 概念关系，（2）在内涵上包括（1），即信任作为一种态度是信任作为一个行为的一部分。

● 因果关系，（1）是（2）的预设假设和一个前因。只有形成了一个 Y 的正面期望和评估，才能到达作为行为的信任。

这给我们提供了一般性的二元信任概念，能够将这种现象的两个基本含义链接到一起。围绕这一共同核心，信任的相关领域有这样的具体要求：信任的子类别或情景形式，要么与信任的一些具体原因如兴趣，承诺和契约）相关，或者与被信任者的一些特别品质（如同情，诚实，友好，共同价值观）等相关。

### 3.2.5　行动

每一个有意向的行动 α 中，都可能触发了一部分因果流程，产生出有预期的和限定的结果（行动的目标）。如果这些结果超出了主体对行动 α 直接控制的范围，为了成功实施整个行动并实现最终目标，就要客观地依赖这些流程。

当主体意识到依赖，即，它正在执行的行动是按照某些外部流程 P 并依赖这个流程推进时，该行动就不完全直接取决于它了，我们可以说，依赖已成为授权委托。委托是一种依赖形式，是主体做出的主观的决定，包括行动所依赖的某事或某人，这既是一种心理倾向，也是一种实际行为。信任是一个主体在力量有限的情况下，对某人或者某事的依赖。

由于 Y 具有一定的自主性，它的自由度和自主权主要体现在 Y 的选择上：Y 可以决定做或不做期望的行动，它就不是完全可预测和可靠的。对 Y 是否值得信任的评估在于：Y 必须被感知为没有威胁性的（被动信任），也就是无害的。没有来自 Y 的预期的危险，依靠 Y 是安全的，停止监控 Y 的行为也是安全的。

大量的定义将信任作为"对未来行动的信心"（27.8%）[11]，这些定义忽略了期望的概念，将信任简化为某些有充足理由的预测。这是因为，即使信任被视为一个纯粹的心态，没有任何决定和行动，它也不能被简化到一个简单的预测（尽管信任的核心包含有预测元素）。如果得到充分训练，计算机可以准确地进行天气预报，但计算机没有关于天气的期望，计算机也不会信任这个期望——事实上，计算机没有能力信任任何事或任何人，其仅仅是一个预测机器。

许多有关信任的术语，例如协作、互助、交换、诚实、承诺、共享价值等，这些术语只有在特定领域和情况下，如商业和组织，才能有效地描述信任。但在大多数情况下，信任可能只是单边的，不能将"信任"扭曲为合作的同义词。事实上，该偏见同样存在于哲学、经济学和博弈论的信任定义中。

## 3.3 对一些著名信任定义的理解

经过对大量信任定义的内容分析，我们再来考虑一些具体的定义，以显示它们为何是不完整的、模糊或不明确的、领域特定的和有分歧的。讨论与批评作者对信任的定义，对作者会有点简单化和不完全公平。但这有利于比较信任定义间的不同，也有利于揭示信任定义中对概念的混淆、信任定义的不准确性和临时性等特点。

### 3.3.1 Gambetta：信任仅仅关于可预测性吗？

我们首先考虑在 Gambetta 著作中被大多数学者所接受的信任的定义。信任是一个人 A 期望另一个人 B 完成一个给定行动的主观概率，信任者的福利取决于 B 的行动[14]。

我们认为这个定义是正确的，因为它强调信任是一个基本的估计、一个观点、一个期望或一种信念。我们还发现值得称道的一点是，在该信任定义中没有涉及交流、合作、相互关系以及被 A 所信任的 B 的意识，因为这些特征没有一个是信任的核心概念的一部分。

但是，Gambetta 的定义在很多方面是有局限的：
- 它只是涉及信任的一个维度（预测性），忽略了能力维度。
- 它没有解释"A 信任 B"的意义，即依赖 B 的决定。
- 它没有说明这样的评估是基于什么的，因为测量主观概率时，需要很多重要参数和信念，每个参数和信念都有各自的角色和社会推理，缺乏参数和信念将导致测量失败。
- 没有对信任特点作出明确的评价。
- 最后，将信任概念简化为"主观概率"是相当有风险的，因为这可能会导致多余的"信任"概念。

### 3.3.2 Mayer，Davis，Schoorman：对任何的脆弱性，信任只是意愿吗

Mayer，Davis 和 Schoorman 提供了一个非常有趣和有洞察力的信任定义：信任是指一方无论有无监督或控制另一方的能力，都期望另一方将会完成一个对己方有利的特定行动，而愿意居于脆弱性位置。

把信任定义为使自己脆弱性的决定是值得参考的。

一方面，该定义仅仅把信任聚焦到一个决定，没有考虑这个决定的背景，因此失去了这一术语的基本应用意义。

另一方面，该定义主要应用于"信任作为决定和行动"，这似乎暗示着脆弱性只与状态转换有关。但是，在没有状态转换的静态意义上，信任倾

向或信任关系就足够让信任者脆弱。

更重要的是，将信任等同于自我决定的脆弱性，作为一个定义显得太宽泛太模糊了，因为有很多状态（包括心理状态）和行为都有相同的属性可以使自己脆弱于他人。例如：缺乏注意力和集中力，以及过度的关注、专心、疲倦和对危险的错误信念等。进一步，一些状态和行动可能是由当事人的决定所造成的。例如，会引起嫉妒或者激怒他人的决定。在所有这些情形中，当事人即使决定使他们自己脆弱于他人和他事，这也根本产生不了信任。

所以，把信任定义为使自己脆弱的决定，这样的信任特性虽然能够解释和预测信任的重要影响和结果，但还是不能解决问题。例如：在决定信任时，有如下隐藏的危险：

● 一般而言，掌握了有关被信任者当前充分可靠的信息及其相关情况，信任者可能察觉不到太多的不确定性，但他们的估计是主观的和不可靠的。实际上，无知或错误的确定性才是真正的危险。

● 对被信任者有足够好的评估和预测；但这种情况很可能是非常有害的，原因在于这个结果很可能是由于对危险的预测不充分以及误导性评估导致的错误预测。

● 依靠 Y 并指望 Y 来帮助其实现一个给定的目标。X 的依赖给予了 Y 挫败 X 目标的能力，因此，X 使自己为了目标 G 而脆弱于 Y；同时，对信任的实际决定进一步增加了 X 的依赖。

所以，为了解释和预测与信任相关的脆弱性，以及信任者的福利取决于被信任者的行动的事实（Gambetta 定义中提到），信任模型至少整合以下 4 点内容：

● 信心：关于被信任者内在态度和将来行动的信心（或多或少的完整性；或多或少的证据和理性判断；或多或少的正确性）。

● 主观倾向：信任者能接受的一定程度的不确定性和无知以及一个给定感知量的风险的主观倾向。

● 决定和期望：信任者依赖另一个实体的行动去实现一个目标的决定，和基于这个决定的期望。

● 相互关系：信任者和被信任者之间的依赖和能力的相互关系，该相互关系涉及信任者期望的目标。

### 3.3.3 McKnight：信任是黑盒子吗？

一个很恰当的和经常被引用的分析信任性质和内在动力学的研究方法是 McKnight 模型，它提出了信任的层次结构，如图 3.1 所示[16]。

图 3.1　信任结构间的相互关系

信任意向包括个体当前和未来愿意让另一方以自己的名义行事，不管是否能控制另一方。信任信念是指个人相信对方具备一个或多个对自己有益的特质，是对他人的一种具体的认知的和情感的信念，包括能力、善意、正直和可预期等。制度信任是指个体相信外在的结构和条件，能够促进个人活动成功的可能性。信任倾向是指个人表现出来的愿意依赖他人的一致的倾向性，包括对人性的信心和信任立场。

这个模型是相当综合的，因为该模型考虑了几个重要方面以及它们的相互关系，例如，作者能够辨别信心元素和信任的决定和行为，解释了后者如何依靠前者；也能识别出情景和系统元素在决定信任行为上所扮演的角色。

但是，这仅仅是个黑盒子模型，还没有洞察出每个盒子里面应该是什么。同时，箭头的语义是没有定义的，也是完全不统一的。不同盒子的特性、组织、结构和流程都没有明确说明。就期望和评估而言，信任信心没有更深入的特征；没有决策流程中关键因素的明确模型。

总之，McKnight 模型仍然是一个因素模型，作者仅仅捕获了相关性和相互影响，但是没有定义本质性质和过程机理。该模型区分出了信任的不同种类和层次，并将它们相互联系起来，对推进信任的研究具有重要作用，但是我们还需要建立更多的具有分析性的、面向流程的和具体的（不只是意义上的）模型对信任进行更深入的分析。

### 3.3.4　Yamagishi：信任行为与合作行为相混杂了

Yamagishi 对美国文化和日本文化进行了对比研究，认为日本文化的特点是放心（Assurance）而不是严格意义上的信任[17]，意思是当日本人（X方）被制度机制所保护或感觉到被制度机制（如权威和制裁）所保护时，会比美国人更加乐于信任（Trusting）（我们将这种信任概念标记为 ω），即更倾向于依赖他人（Y 方）。此外，Yamagishi 还认为，由于制度或社会价值是基于"不信任"的，所以只有当信任他人（不会受到处罚）与不信任他人（可能会受到处罚）相比更有利于自己时，日本人才更趋向于去信任（这有不同的意义，我们标记为 λ）。

首先我们应注意到，这儿"信任"术语的运用存在一定误导。第一种情况下的"信任"（即 ω 信任），意思是 X"信任"Y 做事情 α，即 X 相信 Y 是值得信任的，同时依赖 Y。而第二种情况下的"信任"（即 λ 信任）实际上是一种合作行为，即一种主体为制造一个只需良好的互动社会所应该做出的贡献。

我们有必要弄清楚信任术语的这两种用法的联系和区别。在日本，X会因为担心被制度制裁而与他人合作/贡献，他也会因为被制度保护并考虑到其他人有与他相同的文化敏感性和担忧而去"信任"他人，因此，这两种信任显然是有联系的。然而这两个视角却是非常不同的，一方面是自己贡献的行为，另一方面是对其他人行为的期望，所以我们还是应对两种情况加以区分，而不能都把他们标记为信任。

其次，"信任倾向"和"合作倾向"间的混淆及"不信任"和"不合作"间的混淆很容易让人产生误解。如果 X 选择合作只是为了避免来自权威或者团体可能的制裁，那么他的选择就与信任无关。也就是说，他唯一信任的是社会权威以及社会权威对其行为的社会监控能力和制裁能力，他选择合作或贡献也只是因为他对制裁的恐惧，而绝不会是因为他信任别人或不信任别人。我们将这两种不同的心理行为和不同概念相混淆，并称这种认知态度为"信任倾向"可能是不恰当的，这不仅仅是词语和概念上的混淆，还是一种心理因素下的观念问题。

最后，这里的"乐于信任"概念失去了对他人的正面评估和对他们的行为进行良好期望这些基本元素，仅仅意味着合作（在博弈论意义上）、为集体福利而贡献以及纯粹的冒险。用"信任=贡献/合作"这个等式来描述信任或用"不信任=不贡献/不合作"来描述不信任都是错误的，原因在于有些合作行为是可以不需要对他人有任何信任的，而某些未与他人合作的情形下却有可能是信任他人的。

所以，无论什么原因，只要是单纯合作都不是信任，那种把行为看成是态度的同义词，从而认为主体的合作行为必然意味着信任并基于信任的想法是错误的。正如我们刚才所谈到的那样，担心权威机构的制裁与信任他人是没有关系的，因此应该清楚地区分 X 信任其他人（可能因为他相信其他人担忧社会权威及其可能的制裁）和 X 为集体贡献（仅仅是因为他担心制裁，而不是信任别人）间的差别。在这样的社会困境下，认为信任和合作是一致的假设是错误的。基于该假设下所提出的信任存在于某些互惠或对称性行为中的观点也是具有误导性的。

能认识到用于构成合作、交换和许多社会关系核心的基本亲社会（Pro-social）结构是双向但非对称的这一点非常重要，换句话说，亲社会结构中的双边关系既不是以互惠开始的，也没有任何形式的交换，而是由一个社交意向、对他人的期望和依赖以及因此希望被他人接纳（即信任）的行为共同构成的，也就是说，它是与希望为他人做事的倾向以及以被对方接纳为目的的行为相匹配的（即主体具有仁爱心）。

仁爱心和信任两者虽然都是亲社会的，但是两者主体的倾向或行为是不同的。仁爱心和信任是互补和紧密联系的，但是他们在一定程度上又是独立的，也就是说，他们可能是"单方面的"，即不同时出现，例如，一方面，在 Y 对 X 没有仁爱心的情况下，X 也可能依靠 Y，并信任 Y。在这个意义上，X 的期望不仅是错误的，他还可能会对 Y 失望。而且在 Y 没有任何觉察下，X 可能会成功地依靠和利用 Y 的"帮助"。在另一方面，在 X 对 Y 没有任何期望甚至没有对 Y 的帮助有丝毫觉察的情况下，Y 也可能会单方面的接纳 X 的目标。

同时，信任和仁爱心不一定都包含在主体间的对称关系中，即可以有 X 信任 Y，而 Y 不信任 X（虽然 Y 知道 X 信任他，X 也知道 Y 不信任他）这种非对称关系存在。

### 3.3.5  信任是基于互惠的吗

最近出现了一种非常重要的信任定义，即信任被认为是一种基于期望的行为，但是行为和期望都需要用一种严格的方式来界定。

Elinor Omstrom 和 James Walker 在《信任和互惠》这本书中给出了这类信任的定义原型：在期望他人会回报的情况下，更愿意冒风险的意愿[18]。

他们认为，信任可以使一个人的行为具有更大的确定性，增加行为确定性又是通过信任在互惠性合作中扮演的角色来完成的；互惠行为的直接目标是个人的利益；互惠性合作难以克服"一次性遭遇"和零和博弈诱发的"火并"；互惠行为无法改变重复性博弈行将结束时的"背叛性"；互惠性合作需要信任去坚定相互合作的信心。

这些观点实际上将信任局限到依赖于他人的行为去获得未来优势并维持一定成本的行为这样一种战略框架中，这种观点也认为信任中的期望就是对互惠的期望。这种观点会把那种 X 仅仅依靠 Y 对其目标的接纳而根本没有建立在交流或合作关系上的实例，如不对称的关系中的母子关系或一个救助请求，排除于信任关系之外。

### 3.3.6  Hardin：信任缘于潜藏利益

Russell Hardin 认为是否值得信任取决于彼此间是否有潜藏利益，即："我信任你，是因为你把我的利益封装在你的利益中，你有充分理由为了你的利益而履行我托付给你的事"[19]。其中"我"代表施信方或信任者，"你"代表受信方或被信任者，以下同。

信任缘于潜藏利益的观点认为，"我"相信"你"会关心"我"的利益，"我"也相信"你"是理性的，即"你"也要追求自己的利益；"我"的任何期望都以对"你"的利益，特别是与"我"有关的利益的理解（也许该理解是错误的）为基础；"我"以此来预测"你"的良好行为；而且仅有"我"的期望还不够，"我"的期望还必须建立在被信任者"你"关心信任者"我"的利益的基础上。

该"潜藏利益"概念捕捉到了社会目标采纳的重要现象，该现象是从交易到合作，从利他行为到关心等任何亲社会形式的基础。其中的"你把我的利益封装在你的利益中"意思是由于"你"的一些原因，使得"你"接纳"我"的目标。社会目标采纳正是这样的观点，即其他主体为满足自己，在其意识中考虑了"我"的目标（需求、期待、利益和规划）；而且其他主体是一个自主主体，能够自我驱使和自我激励，故他接收"我"的目标作为其自己的目标。但自主并不一定意味着自私，他只是依据一些内在目标来行动而已，如果这种内在目标还有利于其他人，他就会以其他人的目标来自律；由于他自己的一些动机，他会为实现其他人的目标而行动。

在严格的社会感下，X 信任 Y 并依赖他，是希望 Y 不仅会接收 X 的目标，而且当该目标与 Y 的其他目标相冲突时也能够占优势。也就是说，X 不仅仅期望 Y 接收他的目标，还要接收其决定和意向。所以，一个简单的基于规则的预测、或者建立在一些社会角色之上的期望、或者建立在 y 范式行为之上的期望都难以刻画出我们所称的真正的社会信任的特征和本质属性。

但是，在我们看来，Hardin 始终没有提出一个更宽泛的目标接纳理论，所以，"潜藏利益"的概念仅仅展示给我们了一个受限和简化的观点。

（1）从 Hardin 的视角来看，无论什么时候 Y 接纳了 X 的目标并为他做一些事情，都是自主的，他接纳 X 的目标是有原因的，例如为了他某些自我目标，也就是说 X 的目标是服从于 Y 的个人的和利己的便利。Hardin 所谓的这种接纳对 Y 的个人目标和非社会目标而言是具有工具性和完全利己的，且该利己不涉及自主，也不是外生的而是内生调节，即按"自我"目标来调节，其目标不是为了实现他人的目标，故不是真正意义上的接纳。所以，Hardin 不能够解释下面这种现象，即当主体为了自己的目标而行动时，会理性选用能够使目标最大化的任何选项，而不仅仅是利己和实现自己的目标，其中的理性只是工具性地整理和选择我们的目标，与自我目标的内容和属性无关。Hardin 也不能解释一个做出自我牺牲或利他之事的个体，可能会在没有争议的偏好下做出完全主观理性决定这种情况。

（2）Hardin 认为，Y 关心 X 的利益并有为 X 做一些事情的动机的一个重要原因是 Y 希望维持这种关系，即"我信任你，因为我认为在参与的相关事项中，我的利益就是你的利益。这不仅表明你和我有相同的利益，而且它说明了你有一个利益加入到我的利益中来，因为通常情况下你想维持我们的关系"。

（3）Hardin 认为信任是一个由三部分组成的关系，即 X 信任 Y 去做事情 α。用我们的术语可以描述成 X 就某事如做 α 而信任 Y。如果没有意识到第三个要素的重要性，就会造成几个问题：如他们无法建立一个信任评估理论（就某个任务而非其他任务而言，X 是信任 Y 的），或者一个我们如何将就某事信任 Y 转换到就另外一件事信任 Y 的理论。因此，我们同意 Hardin 的有关信任不是由两个部分或一个部分组成而是更复杂关系下的一个简化实例的观点。然而，我们不同意 Hardin 对这个三元观点的生硬用法，他将 Y 的具体激励和 X 利益相捆绑，似乎拒绝任何信任的通用化、传递和抽象化理论，而只关注一个特定的个人关系（即信任一个特定的人，而非信任一个"范畴"）和一个特定的行为 α（而不是其他相似的行为或者一类行为），并将"值得信任的环境"局限在一个存在于特定个体之间的特殊信任关系网中，网中的每个人都信任其他"特定"的人。

（4）我们与 Hardin 有分歧的一个重要观点是他认为信任只是信任者的认知精神态度，如信心。他声称"我相信你是值得信任的"与"我信任你"是相等的，这个说法显然是错误的。因为，"我信任你"可能不仅意味着我相信你是值得信任的，它也可能意味着更多：它可以意味着我已经决定依赖你、依靠你并指望你。

在我们的模型中，信任不仅仅是一个信念心理态度，而且是决定和意向以及基于这些心理倾向的后续行动。所谓的"认知"和"行为"（基于信任的行动）的概念并不矛盾。与 Hardin 的观点即，信任"如果它是认知就不是行为"相反。在我们的模型中，这两种概念相互渗透，层次与从一个到另一个的转换之间的关系非常重要。

信任有两个层面：作为信心态度，作为决定和行动。在第一层，是因为事实上我们不能决定相信什么，信任"不是一个选择的问题"。其认知理性存在于公正的信心中，公正的信心通过良好的证据和可靠的消息来建立。决定理性存在于决策中。这个事实对于信任的第二个层次就不是正确的，在该层中，一旦乐于信任你，我可以真正"决定"冒一些风险，并决定让我自己脆弱于你。即使后来我可能后悔我的决定，并责怪我自己的选择。决定理性存在于决策中，这些决策是根据结果数值的正确计算做出的。在我们的模型中，信任可以在两个层面上是理性的：作为一种信心（评价和预测）和最佳的选择。

（5）Hardin 的分析和我们的模型的最后一个重要区别是，Hardin 完全抛开能力的问题，而我们把信任和依赖建立在了被信任者的能力、专业知识和服务质量的基础之上。用他自己的话说："在本书中我将假定能力不在信任关系讨论的议题中"（Hardin，2005，Introduction）。不幸的是，这种假设是不成立的，因为能力方面不能被边缘化或者从 Y 的可靠性信任中被硬性分离出来。

### 3.3.7　Rousseau：哪一种意向是"信任"

一个好的信任定义不仅要基于大量的跨学科文献，同时还要辨识出基本的收敛元素，比如 Rousseau 将信任定义为：信任是信任者的一种心理状态，是在涉及风险的情况下，信任者基于对被信任者的意向和行为的正面期望，及愿意接受脆弱性的意向所形成的心理状态[20]。

Rousseau 把信任解释为感知可能性，我们认可这个复合心理状态观点，它不仅指出了信任中的正面期望，而且指出了这些期望是使自己处于脆弱性意向的基础。虽然这个定义明确了信任的关键关系，但该观点忽视了其他信念（事实上，信任也是一种评估）、Y 的能力和技能及信任与意向的关系，不能完全刻画出信任的特征。

这个定义还有一个矛盾之处，信任必然包括"意向"，但有"意向"并不一定代表施信于 Y。这个矛盾就像一个人说："我信任 Y 但是我没有打算依赖他。"

## 3.4　灾难救援中的信任

我们从人际信任的角度来研究灾难救援网络中的信任，并提出了一个分层的信任定义，即，灾难救援网络中的信任出现在当一方对其他人能够诚信地履行义务有了一个基本信念，并且也愿意为其他人带来最大利益而采取行动时。

　　这个信任定义着眼于人际关系，而不是组织间关系和组织内关系。由于组织间的决策是由其成员个人决定的，组织间或者组织内的信任水平可以被看成是其成员个体关系的总和，因此，组织间或者组织内的信任程度将由其成员个体发展和维护。我们认为组织间的信任是指来自于不同组织的个体之间的人际信任。作者认同 Knights 等的"事实上，将覆盖特定人群的信任与组织机构间的信任分离出来通常是不可能做到的"[21]这个观点。

　　在应对人道危机时能快速发展的人道物流网络中，由于组织或者网络的临时性，其组织机制一般是弱联接的，快速成形网络中的所有成员分别部署在救援现场、当地分支机构总部或（外地）总部，共同为组织设定的同一目标而工作，与组织的愿景和理念保持一致，成员间很少出现彼此竭力反对的情况，也愿意为其他人带来最大利益而采取行动。所以，我们认为当 X 信任 Y 的时候灾难救援网络中的信任也就产生了，它不是双边信任，即 X→Y 的关系不会因为没有互惠（或者是低水平的互惠）而消失。

　　但是，人际信任是如何建立的呢？大量的文献分别从各种视角（经济、心理、社会）讨论了信任的概念，主要着眼于信任的功能、信任的动态性、信任与不信任、团队组织和信任的应用、如何去影响信任（主要为团队成员的选择）及信任的投资等方面。其他概念化信任的方法包括基于计算的信任（反映了其他人行为可预测性的计算）、基于知识的信任（与可预测性相一致）和基于识别的信任（信任反映了互惠和共享的解释性假设）。能否在一个非常短的时间内建立起人际信任关系是 HFN 的关键，因此本书紧紧围绕这个信任视角展开讨论。

# 4  人道物流中的快速信任

人道物流快速成形网络具有明显的临时组织特征，在救援目标完成前和救援任务完成后都不存在，不用发展和维持长期伙伴关系。网络中的救援团队具有危机驱动、共同目标导向、自组织演化、时间敏感和临时性等特点，网络中的个体缺乏深入了解且无合作历史，也没有经历过相同的培训，但有着崇高的共同目标。这种快速组建的救援团队需要有"快速"建立信任的方法，临时救援团队经常在没有任何传统的信任源的情况下，不可思议地展示出预示信任的行为，仿佛信任早已存在一段较长的时间，并称之为快速信任。本章的目的在于更深入理解快速信任作为提高灾难救援运作效率应对突发灾难的一种方法。

## 4.1  快速信任

Peter Tatham 提出需要在灾害救援网络中建立快速信任，以此协同参与者之间的任务分配和责任范围，提高救援效率和质量，应对灾害救援过程中的脆弱性、风险和不确定性[22]。Meyerson 将快速信任定义为："快速信任是一种特殊形式的集体感知和相互关联，能够控制临时组织中的不确定性、风险、脆弱性和期望等问题"[3]。它是一种针对临时团队的信任。

由于时间紧迫，团队成员不能够慢慢了解谁可以信任，谁不可以信任，而是迅速朝着任务目标的方向开始行动，似乎信任早已存在。它不是逐渐形成的，而是直接输入的。由于团队成员彼此缺乏足够的信息，成员们只好通过范畴导向（Category-driven）而非证据导向（Evidence-driven）的信息处理过程，运用组织环境、行业惯例以及角色为基础的前因条件，对其他成员形成一种积极的刻板印象，而非通过人员本身的互动经验来设定对信任的期望。随着团队成员持续的任务沟通，最终建立起来的快速信任得以维持。与传统信任不同，快速信任是一种去人格化的信任，个体基于内心预设关于互动双方的知识以衡量信任。

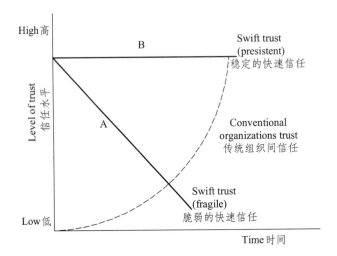

图 4.1　快速信任与传统信任

　　传统信任与快速信任的区别如图 4.1 所示。虚线代表的是传统信任，传统信任起点为零，随着时间的增长以及反复的互动，相互之间越来越信任；实线代表两种矛盾的快速信任研究结论，实线 A 表示在最初就形成了高度的信任，随着交互的加深，脆弱的快速信任急速减少；实线 B 表示随着交互的加深，快速信任将持续稳定。

　　McKnight、Cummings 和 Chervany（1998）在研究组织形成时的信任关系时，也有类似的发现，他们将这种刚开始便存在的高水平信任关系称作初始信任（Initial Trust）。他们认为，初始信任并不基于任何形式的过往经验，而大多依据个体的信任倾向、乐于信任的信心和周围制度线索（Institutional Cues）而形成，同时认为初始的乐于信任意图既是脆弱的又是鲁棒的。

　　我们认为，快速信任是一种集体感知，是对其他团队及个体的意向和行为的正面预期，在临时系统中发展和形成，在脆弱性、不确定性和风险性条件下，个体承担风险的意愿和承担风险的实际行为表现。快速信任不是一种社会交互的信任，而是一种基于行动的前认知信任。快速信任的发展很少基于情感状态（人们的感觉方式），更多地基于认知（人们的思考方式）和意向行动（人们的有意表现方式）。快速信任的形成是基于对情景设置的认知理解，而不是基于情感或对其他组织行为的认知理解。

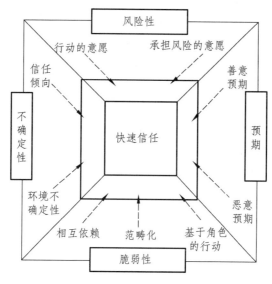

图 4.2　快速信任的边界

组织信任被定义为一种个体信心或群体中的共同信心，这种信心是关于他人或其他组织的：

（1）为了行为与明确或不明确的任何承诺相一致，都能做出善意的努力；

（2）在这些承诺之前，都能进行真诚的协商；

（3）在有机会的情况下，都不会过分地利用他人的优势。

图 4.2 显示了快速信任的概念边界，下面的部分将阐述快速信任与组织信任的区别。

# 4.2　快速信任的情景

情景条件是特定组织面临的或认识到的脆弱性、不确定性和风险性等程度，提供或阻止了鼓励或阻扰人们通过信任快速控制脆弱性的资源。下面详细分析情景条件与快速信任发展的关系。便于充分理解快速信任的前因与快速信任出现后产生的结果之间的因果关系。

## 4.2.1　脆弱性

脆弱性代表了一种状态，即一方将其有价值的东西交由另一方自行决定的状态。这是通过某人所重视的东西来定义的，例如声誉、谈话、健康、安全等。在面临着复杂任务的时候，独立自主是很少见的，相反脆弱性却很常见。脆弱性主要体现在相互依赖、缺乏清晰的角色、他人对我有价值东西的伤害、将来可能的互动等。

脆弱性随着临时系统的情景需要一起出现，启用临时系统的关键在于相互依赖，必须依赖陌生人才能完成某些跨组织形式的任务。在一个相互依赖程度很高的环境中，每个人相对来说都是脆弱的。每个人都控制着别人的命运，所以相同的威胁被强加给他们。尽管这种相互威胁可能让他们变得小心谨慎，但它还是为参与者期待和接纳信任和值得信任行为打下基础，在人道物流网络中，信任是唯一切实可行的选择，类似于信守短期承诺的友善提议表明了这种需要，这些友善提议触发了互惠行为。组织要减少这种情境式脆弱性，通常采取如下三种方式：

第一种方法是减少相互依赖，途径是培养替代合作伙伴、项目和网络。这是一种防范的形式。然而对于新来者而言，这条途径被阻断了。

第二种方法是有效地适应周围环境或把自己同周围环境"隔离"起来，临时系统中任务本身所具有的特点就是相互依赖，所以还可以通过培养适应性和控制感来减少脆弱性，这种控制感就是"我能处理他们抛给我的任何事情"，同时把自己同周围环境隔离起来也可以减少脆弱性。控制感可以成为某种认知幻觉，它是在系统中建立弹性的一种机制。

第三种方法是假定情景中的他人是值得信赖的。

第三种方法是最好的，如果你以充满信任的行为方式对待他人，假定的信任会成为一种自我证明的预言，假定的信任就能够创造出信任行为，我们认为在道德和其他社会美德的自我满足感的作用下，信任假定通常会导致信任行为。

选择哪种途径取决于行动者的社会地位、由情景产生的背景预期以及行动者的特性倾向，这种选择本质上就是快速信任在临时系统中存在的特殊形式。

传统的组织信任一样也会遇到脆弱性问题，例如功能依赖或任务模糊。当你与他人接触时，脆弱性来自于他人的行为与组织信任的三个信心不一致。这与快速信任的脆弱性完全不一样，快速信任的脆弱性来自于情况或情景，是情景直接和不可避免的结果。而组织信任的脆弱性来自于所选择的与之接触的他人，是他们选择信任的结果，是潜在依赖他人的结果。

## 4.2.2　不确定性

不确定性被定义为一个个体感知没有能力准确地去预测，例如，不能预测出全新环境情况的结果，或者不能评估他人的可能行为。与脆弱性一样，不确定性也随着临时系统的情景需要一起出现。临时系统的参与者与不熟悉的组织协作时，他们拥有的经验有限或者根本没有经验。

临时组织所处理的短期任务，通常没有明确的最优流程、互动方式和目标，或者没有前例，这便带来了高度的不确定性。同时在临时系统中，有特殊目标的达到目标期限，任何有碍于完成任务的事情，如分散注意力，都会给组织带来严重威胁。当参与成员面临很大的不确定性时，参与成员可能倾向于选择完全信任，或完全不信任，以此提高确定性，并更好地利用监控资源和精力。为了避免临时系统中固有的不确定性，参与成员喜欢选择比预测的事实数据更加值得信任或者更加不值得信任的其他组织，以便继续完成任务。当选择"盲目"信任时，组织允许继续组织间的努力，并放弃风险减少机制的成本，直到其他组织做出了不可接受的行为。当选择初期不信任时，组织需要在契约保障措施下协同工作。每一种选择都是为了完成共同的任务，只是采用的方法不一样。

在人道物流网络中，许多组织没有先期的工作互动，选择了"盲目"信任其他参与组织，如政府需要志愿者协助搜寻灾民并发放救援物资，完成共同的灾难救援任务。

传统的组织信任也会遇到不确定性问题，如提高任务绩效的合适方法、交换协商时的战术选择与使用以及未来的行为。不确定性来自于组织信任的发展过程中，他人的行为与组织信任的三个信心不一致导致了不确定性。这与快速信任的不确定性完全不一样，快速信任的不确定性来自于情况或情景，是情景直接和不可避免的结果。而组织信任的不确定性来自于与之有联系的他人，是他们选择信任的结果，他人的行为可能无法最大化组织利益。

## 4.2.3　风险性

风险出现在将自身暴露在成本或潜在损失可能大于利益或潜在收益的

情景中，与脆弱性和不确定性一样，风险性也随着临时系统的情景需要一起出现。临时系统产生于巨大的风险场合之中，任何事情在任何时候都有风险，在这里损失一旦出现就会超过所获得的收益，临时系统的产生是不顾这些威胁的，组织一旦产生，对潜在损失的评估就不再起作用了，这本身就是一种信任的表现，因为它面临着将来可能遇到的潜在失望和陌生人之间的不稳定的合作。

成立临时组织就是这样的一种选择，例如，在灾难救援等行动中，由于缺乏多样化的组织资源，任何现有机构都不能处理所面临的重要但是又不符合常规的问题，需要成立一个临时组织，在短期内聚合来自不同组织的力量，才能在规定的期限内完成单个组织所不能完成的复杂任务.

容忍风险的一个方法就是立即选择信任其他组织，在成本/收益不一致中注入某些平衡。在临时系统面临的情景中，成功依赖于有效的协同努力，同时失败令所有人不安。认识到错位信任带来的风险小于情景需求带来的风险时，组织最终选择了信任。错位信任来源于他人潜在的机会主义行为，对潜在资源的机会主义。相反，临时系统固有的风险来自于单个组织不能完成任务的明确情景。

传统的组织信任也会遇到风险问题，如乐于信任他人的交换关系。风险性来自于他人的行为与组织信任的三个信心不一致。这与快速信任的风险性完全不一样，快速信任的风险性来自于情况或情景，是情景直接和不可避免的结果。而组织信任的风险性来自于与之有联系的他人，他人的机会主义行为可能造成负面效果。

## 4.2.4　快速信任的特征

通过上述分析，我们得出快速信任的两个显著特征，第一是集体认知性，第二是行为导向性，这使得快速信任不同于一般的信任概念，成为一个独特的信任类别[4]。

（1）集体认知性：快速信任总是与人的认知因素高度相关，快速信任不在于强调感情、承诺和人际交流，而在于注重行为、认知以及劳动储备，其倾向于情景线索、个人披露的规避和适度的依赖，并强调对任务的专注。即，具有共同责任意识的认知性是搭建网络的动力。

（2）行为导向性：快速信任是个体在临时组织内愿意承担风险的意愿，是这种风险承担意愿的真实性行为的展现[23]。正是由于对恰当行为的需要才促使了快速信任得以存在的临时组织的产生。即，行为导向性是网络运转的基础。

总之，快速信任并非传统信任在由陌生人所组成的小群体内的适应或拓展，而是一种独特的集体意识和关联形态，这种集体意识和关联形态能够维持和促进人道物流快速成形网络内的信任性行为，并以此来更好地管理系统的脆弱性、不确定性、风险性问题，使得人道物流快速成形网络成为"组织"而非临时性群体。

## 4.3　快速信任与绩效的关系

快速信任对组织绩效的影响是间接的，要通过组织过程（如反思、监控和努力等）的中介来发挥作用，例如，沟通的意向、协同的意向等。这是基于两个假设：

假设 1：快速信任与组织信任是两个截然不同的结构，它们的组成元素和信任发展的前因各不相同；

假设 2：信任会指导组织的行为。也就是说，乐于信任的关系依赖于信任的出现，而与信任如何发展无关。因此一旦信任出现，参与组织将认识到乐于信任的关系带来的好处。

### 4.3.1　沟通的意向

通常评价信任发展与沟通之间的关系主要从以下几方面进行：沟通的频率、沟通中展示的热情程度、沟通的模式和时机以及沟通的质量。这些与信任的形成有关，反过来，乐于信任的关系增加了双方进一步的沟通。

首先，快速信任能促进任务型沟通，从而使组织对情景及任务状态有一个共同的了解和认识，个体也能发展出集体方式和情景定义，并愿意组合和交换信息。这特别适合于迷糊和不确定性的情景中，减少不确定性，增加弹性能力。

其次，快速信任能提升社会性沟通，沟通中积极的情感表达（如鼓励、承诺等）能使组织保持积极的工作状态。这两个方面并非相互独立的，而是相互关联成为一体，共同受到快速信任的影响。

在实际的灾难救援中，救援组织认识到多方参与的必要性，但还是难以做到信息共享，即选择信息共享是有条件的：（1）明确要求的信息，（2）已达成了一个按合适的方式使用信息的保证。勉强地信息共享可能的原因在于意识到保护专有信息有利于提高潜在的影响或发挥潜在的优势，同时理解了共享的信息是联合行动的有效基础。组织要等待信息共享的时机，直到他们准确地判断导致协同的环境，并且在其他组织披露信息之前，正确评估出他们的意向。

## 4.3.2　协同意向

在乐于信任的关系中，人们愿意协同互动。信任通过交换和组合提高了价值创造的潜力，信任作为协同的润滑剂发展了协同的范式。然而，信任可能导致协同行为，但信任不是协同产生的必要条件，没有信任，参与成员一样可能选择协同。

在高度的功能依赖、模糊的任务、情况脆弱性和不确定性等情景下，快速信任是一种无条件信任，参与者的相互关系预期更多地基于共享价值和基于期待的共同结果。共享价值产生强烈的合作期待，最终导致成功的团队关系。在高初始信任水平下，各群体间更倾向于积极的协同互动。

跨组织协同包括问题解决、资源利用和有效应对三个方面，人道物流网络中的快速信任多是基于对对方能力所抱有的肯定和认可态度而形成的，是在临时系统正式运作之际便形成的，是系统能够作为一个有机体来协同行动的基础。在对他人执行任务的能力充分信任的情况下，人们便不会花费资源、时间和资金重复地做相同的事情，从而达到事半功倍的效果。

## 4.3.3　知识共享

知识共享泛指知识所有者与群体分享自己所拥有的知识，使知识从个体拥有转变为群体拥有的过程。也就是说，知识共享是指组织成员披露有关他们自己和他人的敏感细节和专属细节。包括知识共享意愿和知识共享行为两个方面，共享意愿是引发共享行为的前提。

知识共享是快速信任的内在组成部分之一，知识的自由交换不会发生在一方不能把握另一方行为的时候。在没有信任的团队中，人们抑制信息共享，因为他们不能把握他人如何利用他们的知识，还因为拥有某类知识意味着占据了一类权力。

知识共享在快速信任与绩效的关系中充当着中介的角色，知识共享是合作的回报，间接地影响到信任的形成。

### 4.3.4  网络开发能力

网络开发能力（Network Development Capability）是一种动态能力，指临时系统整合、建立和重构内部和外部的能力实体以应对快速变化的环境的能力，是影响系统运行效率的关键因素。灾害救援系统是临时性组织较为重要的应用领域，在此系统内，来自不同组织的力量在短期内聚合，以解决单个组织所不能解决的复杂问题，因此，快速信任便成为影响系统运作效率的关键因素。高水平的快速信任能使组织快速进入协作状态，组织间的良性协作能促进信息流通，提升组织对外界环境变化的反应能力，同时，对环境变化的及时掌握有利于快速了解所需的内外部资源，有利于资源的及时配备。

## 4.4  快速信任的形成

信任是如何建立的？人际信任关系能否在一个非常短的时间内建立是人道物流快速成形网络的关键，因此本书紧紧围绕这个信任视角，从供应链伙伴关系的角度进行研究。

### 4.4.1  信任的三阶段发展模型

Lewicki 和 Bunker（1995）提出在专业关系中信任发展的三个阶段[24]：基于计算的信任（CBT，反映了其他人行为可预测性的计算），基于知识的信任（KBT，与可预测性相一致），和基于认同的信任（IBT，反映了互惠和共享的解释性假设，对他人的愿望和意图的认同）。它们不是相互分离的三类信任。信任的这三个阶段在一个连续性的重复过程中相连，其中信任在一个阶段的达成能促使信任在下一个阶段产生。只有在第三阶段，交往双方之间的关系才达到亲密无间的程度，并建立起真正的相互信任

当人们没有交往历史，开始一段新的关系，尽管他们不用克服先前的声誉，但他们仍然存在着不确定性，他们相信如果自身暴露得过多过快，就容易受到伤害，并且对他们的关系能持续多久持不确定性态度。

（1）人际信任发展的第一阶段是基于计算的信任

基于计算的信任是基于对行为一致性的确信。也就是说，个体将按照他们所说的去做，因为他们害怕言行不一所带来的惩罚。信任可以持续到惩罚出现的时候，基于计算的信任可能同时被维持信任所获得的收益与失信所带来的威胁所驱动。但是，惩罚的威胁远强于奖赏的承诺。由于存在足够的惩罚型因素，基于计算的信任变得很有效。

（2）人际信任发展的第二阶段是基于知识的信任

基于知识的信任依赖信息而不是依赖威慑，以其他人的可预测性为基础，充分了解他人以便可以充分预测他人的行为。随着时间的发展，建立了长期的相互交往历史，发展了一种普遍意义上的预期：确信他人的行为是可预期的，因而应忠实地行事。

基于知识的信任有三个层次：第一，信任有利于增强他人的可预测性，而这又有利于增加信任。对他人了解越多，就越能准确地预测出他人的需求。其次，可预测性增强信任，即使已知他人不值得信赖，但通过他人失信的手段也可以预知。最后，精确的预测还需要在反复不断的交往过程中不断增强理解。所以常规交流和不断增强了解是该阶段的关键过程。

（3）人际信任发展的第三阶段是基于认同的信任

基于认同的信任基于对他人需求和期待的理解。这种相互理解的产生则因为一方事实上可以成为另一方的代理，相信他的利益将得到保护而无须对他人采取任何监控性措施。当基于认同的信任形成时，人们逐渐清楚为了维持对他人的信任他们必须做些什么。不断增加的认同感使一方如同他人一样思考，响应他人的需求。

为了步入到人际信任发展的基于认同的阶段，人们需要建立一个集体认同，例如，一个共同的名字、主题、标语等；需要遵从共同的目标和共

享的价值，如奉行同样的目标就可以在对外事务中相互替代。

这三个阶段，有如图 4.3 所示的内容关系。

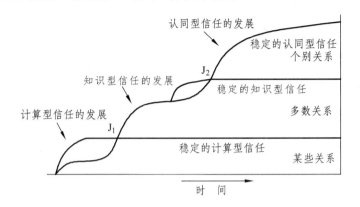

图 4.3 信任发展的阶段

$J_1$ 在此点上，一些计算型信任关系成为知识型信任关系。

$J_2$ 在此点上，呈现积极效果的为数不多的知识型信任发展为认同型信任关系。

## 4.4.2 信任的建立模型

Mayer（1995）构造了一个组织信任的整合模型[12]，考虑了信任者的特征、被信任者的特征，以及风险的角色。分析了值得信任的特征，得出信任是感知的被信任者的能力、善意和正直的函数，信任也是信任者的信任倾向的函数。在信任双方没有建立任何关系之时，信任倾向导致愿意承担风险，为了信任一方不需要冒风险，然而，另一方必须承受风险完成乐于信任的行动。在关系开始建立的初期，信任者可以通过第三方信息源和自己观察获得有关被信任者正直的数据，有关被信任者善意的数据难以通过该方法获得，然而，正直对于早期信任的形成至关重要。在关系建立后，与被信任者的互动使得信任者逐渐洞察到被信任者的善意，以及善意对信任的相对影响。随着时间的延续和关心的建立，善意的作用越来越明显。如果信任者感知到被信任者的能力、善意和正直较高时，被信任者将被认为相当值得信任。

信任与信任行为的本质区别是愿意冒风险与实际承担风险的区别。信任是愿意冒风险，信任行为是实际承担风险。如果信任超过了风险感知的阀值，信任者将继续风险承担关系（Risk-Taking Relationship，RTR）。反之，感知风险的水平大于感知信任的水平，信任者就不会开始 RTR。信任是愿意居于相对他人的脆弱性位置，持有这种态度是不包括风险的。

承担风险的情景因素非常重要，例如利害关系、关系的权利平衡、风险水平的看法和信任者的可用选项等。当信任者承担被信任者的一个风险时，导致了一种正面结构，加强了信任者对被信任者的看法。反之，当信任导致了一个不利的结果，会减弱对被信任者的看法。信任行为的结果将在下一次的互动中，通过改变信任方起初的能力、善意和正直的看法，间接地影响到信任。Mayer 的信任建立模型如下图 4.4 所示。

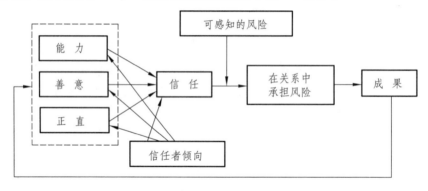

图 4.4　Mayer 的信任建立模型

### 4.4.3　快速信任的建立途径

关于在人道物流快速成形网络中如何快速建立起人际信任关系，Hung 等（2004）[15]将 Meyerson（1996）的研究成果扩展到一个更加通用的框架，他们建议了三种信任形成的途径：外围途径、中心途径和惯常途径。如果按照顺序看的话，外围途径涉及初始信任的建立，中心途径涉及长期关系的深入发展，惯常途径进一步提升信任的水平，在长期关系中形成的模式上建立信任。

（1）外围途径对应关系建立的初始阶段，反映了个体组建一个团队或组织时在身体上或心理上的满足感。在这个阶段，人们首次相遇时，由于缺乏对交互对象的个人知识，信任的形成依赖于外围线索，如第三方信息、社会范畴和角色等。在外围途径形成的信任中认知成分较少，其认知成分少于自我判断，所以适合于关系建立的初始阶段。

（2）中心途径，当一个团队或组织建立后，随着个体对其他个体知识的积累，人们将有能力也有动机评估其他人的能力、诚实和善意，此时信任由中心途径来形成。

（3）惯常途径，随着个体彼此获得更多的知识，经历积极和成功的信任交易，他们评估相关信息的动机将明显减少，在团队的丰富知识基础上，个体可能形成信任判断的习惯模式。最后的途径反映了信任成功建立的历史，形成了强烈的情感纽带。

这三种途径构成了信任形成，如下图 4.5 所示。

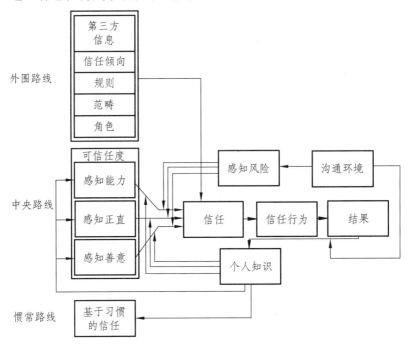

图 4.5　信任的建立途径

这三种途径能够彼此分开是非常重要的。例如，当社会网络中信任的动力（能力）很高时，中心途径出现了，这也是为什么 Hung 等人认为中心路径是一种传统的信任建立方式的原因。在供应链环境中，这样传统的信任被认为是建立稳定关系的基本要素。一般来说，值得信任（评估对其他人的能力、诚实、善意）能够导致信任和后面的信任行为，这种信任行为与一个预期的结果相关联，如更高的网络绩效。快速成形网络是在没有预警或者事前警告非常少的情况下组建的，在网络运行的初期，组织中的最初接触者并不清楚情况，需要利用外围途径发展信任。我们也可以称之为"假定信任"，Meyerson 将其称为"快速信任"。

在人道物流环境下，信任的外围途径是尤其重要的，因为灾难救援的特点是一大批来自各种组织的个体，接到其组织（各具其独有的组织文化）的临时通知在短时间内聚集起来。救援现场（如灾区）出现的人员进一步使得网络成员复杂多样，同时，虚拟连接网络并远程管理网络的组织总部成员一样加重了网络的复杂性。像这种虚拟的网络成员和面对面的网络成员共存的现象在其他产业领域中也是非常普遍的。在这种虚拟——面对面的混合网络中，这些产业一样需要建立长期关系。因此，研究灾难救援中的快速成形网络对如何通过外围途径建立起网络的信任是有重要意义的。

## 4.5 快速信任的概念模型

信任的形成来自于外围途径，该论点源于 Meyerson。他创造了"快速信任"这一术语，用快速信任去管理在人道物流快速成形网络的形成过程中出现的脆弱性、不确定性、风险与预期等问题。这类网络已经有预设信任，然而信任的传统形成途径——熟悉性（Familiarity）、共享的经验、互惠性的展示（Reciprocal Disclosure）、威胁和制约、信守的承诺以及脆弱性不被利用的证实——在这种系统中表现并不明显。

快速信任，根据 Hung 的外围途径，有五个前因条件影响着信任的形成：① 第三方信息；② 信任倾向；③ 规则；④ 分类属性；⑤ 角色。这五个因素之间的关系如图 4.6 所示。可以在外围路径中将"信任历史"排除，因为网络成员之间的前期互动非常有限。

信任的其他路径：中心路径和惯常路径是信任关系成熟的结果。但是，快速成形网络不会关注以前的信任关系，因此我们集中到外围途径的信任：快速信任（如图 4.6 所示）。通过外围路径获得的惯常信任是可能成熟的信任关系，反映了信任本身的水平、信任的行为，以及产生的后续结果。更重要的是，对关系中其他人的深入了解，除了产生一个简单的反馈循环，还通过风险感知水平的不断反馈来调节该过程，同时网络内的交流环境状况也得到反映。

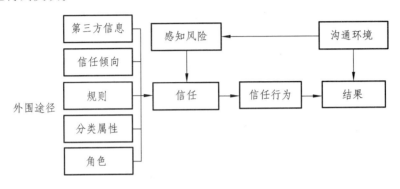

图 4.6　快速信任的形成途径

信任行为是信任形成的其他条件，信任行为仍然需要通过风险感知来调节，方法是感知网络中任何互动的可能收益和损失。高度的风险感知甚至还可能导致刻意隐瞒相关信息。然而，Hung 对虚拟团队进行了研究，认为交流环境是行使社会控制的一种方式。重要的是，在快速成形网络中人道物流网络作为一个整体，因此，相应交流环境的构成既有面对面的成分（救援现场中各类组织的物流人员），还有虚拟的成分（远程总部人员）。

信任行为能得到一些特定的结果，如更好的网络绩效。它是通过预期改善的结果，以证明发展信任关系的投资是合理的。进一步来说，信任能够减少关系中的交易成本。这种思想在如图 4.6 所示的模型中得到体现，它认为当关系相互成熟时，信任的本质将会改变，最终达到惯常信任的程度。以这种惯常方式互相信任的个体，需要花费在心理和情感上的努力较少（例如交易成本较低），这是因为他们能开心地接受同事们的看法，即使这些看法是非正式的。同时，背叛这种惯常信任将得到灾难性的后果，这种背信可能导致关系破裂，并无法弥补，不可逆转。

如果信任机制不够发达，企业会倾向于选择建构低风险的业务关系，即保持距离的一般交易关系（Arm'S Length Transactional Relationships），在这种关系中，双方都不愿意冒险来进行有价值的投资，不太重视（或缺乏）企业间信任。但是，在一些情况下，企业间信任会成为采购决策的重要部分，比如在非关键物品由大量可供选择的供应商提供的时候。

从本质上讲，信任关系的重要程度取决于供应商的可得性，以及运作过程中的关键物品。当涉及人道物流快速成形网络时，救援物资是运作的关键，虽然有大量的供应商可以提供救援物资，但是，要在极短的配送时间内满足灾难救援需求，可供选择的供应商数量急剧减少，可能只有个别人道组织已经与潜在的供应商建立了成熟的信任关系。快速成形网络需要在同一个灾难响应中的个体及机构之间建立起相互信任关系，但这些关系不成熟，因此，通过外围途径建立快速信任较为合适。

同时我们利用 Zucker 的研究，区分发生于不同社会情景的三种信任形式，分析信任的社会机制在特定的制度环境中对整个供应链的影响。理性而精于计算的参与者，比较潜在的收益和损失的机会，决定是否冒风险的信任，是单边的概念，无助于理解商业关系。所以还要强调特征和制度的社会功能，即，能够使社会行动和期望彼此连接。特殊的相似性和制度从而被重建为使参与者减少不确定性和风险的机制，参与者的首要问题不是如何选择投入信任而获益的机会，而是如何通过减少特殊异质性，建立一个共享的机制，作为互动可能性的基本先决条件。

在经济结构中，信任产生是基于集体意义构建和共享隐性知识的，Zucker 辨别了三种不同类型的信任产生模式，划分出基于过程的信任、基于特征的信任、基于制度的信任[25]。

（1）基于过程的信任，来源于个人屡次参与交换的经历，还来源于以名誉为基础的预期。互惠是这个过程的核心，不间断的互惠交换活动创生出体制，推广互尽义务的社会规范以及享受公平待遇的预期。组织中长时间的反复接触暗含着长期许诺，以及风险增加与合作增加的双重机会，能够培育出人际间的信任，因此，基于过程的信任这不适合于人道物流快速成形网络。

（2）基于特征的信任，建立在义务规范和社会相似性培育出的合作基础之上，如共同的家庭背景、年龄、社会地位、经济地位、行业地位等。这种信任依赖天生的特征，通过强调普遍的成员资格和相似性的行动凸显共同的特征，可能催生出信任，又因为信任培植信任的缘故，可能引发积极的互动。这也启发了我们的快速信任模型。

（3）基于制度的信任，信任与正式的社会结构紧密相连，与个人和组织的具体属性，如职业资格证明等，息息相关，这种信任不受一时的喜好和个人的行动所影响。这也启发了我们的快速信任模型。

人道物流快速成形网络是临时团队和虚拟团队的组合，其团队特征和关系特征与单一的临时或虚拟团队相比较为复杂。在外围途径中，从信任方特征、被信任方特征以及制度等第三方信息出发，构建人道物流快速成形网络中快速信任的概念模型，如图4.7所示。

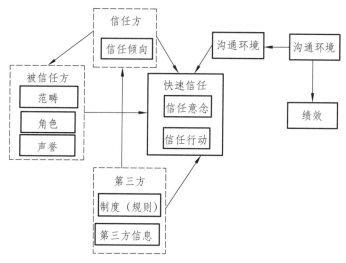

图4.7　人道物流快速成形网络中快速信任的概念模型

在灾难救援中出现的人道物流快速成形网络结构呈现"非层级化"和"去中心化"特点，自组织特征明显。成员身份异质化和丰富的公益资源使得人道物流快速成形网络在灾害响应时能快速而有效地协作，但要在短时间内形成信任，需要减少已知异质性的数量，增加特殊的相似性，以特征来简化过去，浓缩长期的互动历史。

另一方面，社会秩序依靠政府引导的自上而下的"顶层设计"的制度力量，反映了中国人一贯的差序格局、顺从权威、依附单位组织的文化结构；而依靠草根推动的自下而上的互惠和习俗等非正式制度，反映了寻求满意的生产与生活方式。互惠性合作需要信任去坚定相互合作的信心，信任早已成为人格中的重要品德而进入习俗，对人们的行动进行一定限度的控制，使个人的行为具备更大的确定性，互惠和习俗自然繁衍出一个包含信任的社会秩序。救援组织之间的信任是基于共同期望的信任，这种共同期望使得参与者将社会秩序视为理所当然。建立制度信任，将制度上升为稳定的参与者共享的思想，自觉思想共识，更多地向他人传递我们是谁，我们的价值观，我们是值得信任的，以及我们的身份标志。这也有利于在短时间内形成信任。

　　快速信任建构起政府—民间、民间—民间的联系桥梁，充分动员和整合民间和政府部门的技术与专业人才等资源，发挥救灾的整合性群体力量，克服非组织性和利己性集体行动的负面影响，达到灾害救助"双赢"和柔性治理的效果。换言之，政府要改变以往单纯依靠技术或其他单一手段管理的策略，从信任等角度综合干预，才能发挥灾害集体行动治理的理想效果。

# 5 人道物流中的快速信任前因条件分析

人道物流中的信任可以理解为一种集体现象，而不是某个单独的个体所属，涉及的是救援人员之间的关系，而不仅仅是个体心理状态。信任存在于人道物流快速成形网络中，网络内成员以此为参照来行动，以确保预期的未来由各自的存在和符号象征所构成。信任甚至超过了道德上的义务感，为在情感上激发出的共同目标和利益而相互真诚，成为构建群体团结的关键。但是快速信任的产生需要一些前因条件，参与者必须相信：行动指向共同的价值观即灾难救援；灾难救援必须转化为共同的目标，如减轻灾民的疾苦；每个参与者的期望必须纳入其个体的整体角色中，每个个体不仅仅是一个单纯的救援人员；根据第三方信息，参与者是值得信任的。借此，通过参与人员的能力和诚信的符号象征，快速信任的前因条件相互加强而产生信任。

## 5.1　人道物流中的快速信任

灾难发生后，当过多的救援人员参与到人道物流系统中时，发展和维护人际信任不仅要在组织（如 NGO）内得到重视、还要在组织间得到重视。每个国家所采用的战略性方法有所不同，例如，美国注重利用分散式系统治理的方法，其所拥有的民间组织要多于其他国家。同时在救援组织中，某些灾难应对的专业工作人员是长期的，他们大多是物流专业人员，但更多的工作人员是临时征召的，例如，许多国家的 Oxfam 和红十字会拥有这些随时待命（On Call）的人员名单。所以在灾难救援时，由于来源不同和背景不同，大批涌入的救援人员彼此之间将会出现不信任的问题（在有民族冲突的灾区，这种不信任的问题更加突出）。另外，随叫随到的工作人员一般只能在一个相对短的时间周期内工作（2~4 周），造成了较多的人员离职情况，使得人道救援网络必须反复地重构，集体记忆也随之不断丢失，因此，必要的人际信任必须要被不断地重复发展。

另外，人道物流网络中的每个救援组织必须与其他参与者建立起合适的关系，他们之间可能是竞争者（如 NGO 之间），或者甚至是不同类型的组织（NGO 与军队，NGO 与政府），这样的组织间关系也是快速信任适用的范围，原因如下：

第一，参与者具有共同的目标。

快速信任的一个初始条件是参与者能够感知到他们同属一个团队，共担一个目标。人道组织确实共有一个总体目标，即缓解受益者的痛苦。在运作层面上，救援组织还有一个更广阔的共识去援助受益者，这种共识就是依据人道主义宪章并按照环球计划（the Sphere Project）规定的赈灾最低标准指导的人道主义应对运作。

在战略层面上，救援组织之间存在相互竞争，他们为资金和媒体关注而相互竞争。竞争虽然不利于救援效率，但竞争是不可避免的。在灾难发生后，捐献人提供了大部分的救援资金。从长远来看，这种从捐献人那里筹措救援资金的方式无疑是低效率的，原因在于这可能会导致部分人道组织把争取捐献资金作为实施救援的目标。这意味着某些人道组织将比其他组织更能获得捐助资金的青睐，占据了大量的救援资金。救援组织之间虽然存在竞争，救援机构之间的关系即使不是正式的，但是他们为共同完成灾难救援而进行的人道物流运作能够发展出同属一个团队的感觉。

在运作层面上，突发事件越是势不可挡，就越有可能出现边界的划分，网络的效率就越会受到妨碍。原因在于，短时间内，在组织内和组织间难以快速建立起风险分担、信誉共享与成本共享等机制，合作基本上会被抑制。但是，在缺乏这些机制的情况下，人际间信任仍可能会建立起来。

简而言之，人道组织作为应对灾难的广大参与者的一部分，他们的人际间信任和组织间信任越高就越能提高灾难应对的效率和效益。

第二，信任关系是相互依赖的。

本质上讲，在灾难救援过程中，信任者和被信任者不只有一个，在网络中的每个成员与其他成员都有这种关系。而且，各部分之间的任何交流结果都将潜在地以不同方式对每一方产生影响。因此，吸纳一些信任的前因来拓展快速信任概念的范围，有利于促进和维护信任，我们提出的行动策略适合于人道物流网络中的所有参与者。

第三，关系中信任水平是动态的。

　　Hung 强调外围途径的信任能在下一阶段产生中心途径的信任。随着时间的推移，相对脆弱的快速信任能够迅速发展到鲁棒的惯常信任。另一方面，信任也可能会降低，信任的不同路径并不能形成一个直线序列，外围信任不是总能升级到后两个信任途径。而且，在任意一个给定的时间点，合作关系中没有一个绝对的信任水平，各方可能对某一件事情彼此信任，而在其他的事情中却不能信任彼此。

　　第四，先前联盟的成功感知可能会产生一些负面影响。

　　网络中的个体成员经常会认为信任已经形成，并导致自我满足。正是形成网络的行为本身触发了信任的初始水平，即把对其他人信任行为的一个积极假定作为基准线。但是，这个基准线还会被预期的信任所影响，预期的信任来自于成员所熟悉的环境。在人道物流快速成形网络中，类似的熟悉环境包括与其他组织及其物流专业人员在其他灾难救援中的互动经历。

## 5.2　快速信任的前因条件

　　根据以上的讨论，分析人道物流快速信任中快速信任的前因条件，现有研究认为快速信任的形成受到个体因素的影响，也受到组织方面因素的影响，是多种因素共同作用的结果。具体如表 5-1 所示。

表 5-1　快速信任的影响因素

| | 角色 | 相互依赖 | 第三方信息 | 信任倾向 | 规则 | 范畴 | 行动强度 | 明确的目标 | 沟通行为 | 文化环境 | 组织保障 | 成员多样性 | 领导决策力 | 时间管理 | 承担风险意愿 |
|---|---|---|---|---|---|---|---|---|---|---|---|---|---|---|---|
| Hung[15] | ● | | ● | ● | ● | ● | | | | | | | | | |
| Tathama[22] | ● | | | ● | ● | ● | | | | | | | | | |
| Myerson[3] | ● | ● | ● | | | | | | | | | | | | |
| 许光全[27] | ● | ● | ● | | | ● | | ● | | | ● | | | | ● |
| 杨志荣[28] | ● | ● | ● | | | | | | ● | ● | | | | | |
| 李燕[29] | ● | ● | ● | | | | | | ● | | | | | ● | |
| 李倩[30] | ● | ● | | | | | | ● | | | | | | | |

| | 角色 | 相互依赖 | 第三方信息 | 信任倾向 | 规则范畴 | | 行动强度 | 明确的目标 | 沟通行为 | 文化环境 | 组织保障 | 成员多样性 | 领导决策力 | 时间管理 | 承担风险意愿 |
|---|---|---|---|---|---|---|---|---|---|---|---|---|---|---|---|
| 肖余春[26] | ● | | ● | ● | ● | ● | | | ● | | | | | | ● |
| Goodman[31] | | ● | | | | | ● | | | | | | | | ● |
| Mayer[12] | | | ● | ● | ● | | | | | | | | | | ● |
| Jarvenpaa[32] | ● | | | ● | | | | ● | | ● | ● | ● | ● | | |
| 王惠东[31] | | | | | | | ● | ● | | | | | | | |

## 5.2.1　第三方信息

第三方信息是一种群体性记忆，它在社会交互过程中扮演着信任传递的角色，使得声誉好的人和组织更能获得他人的信任。所以，第三方信息有助于信任的形成，该信任不是基于无法辨别的个体能力，而是基于他们先前的声誉和/或者基于他们所供职的组织的声誉。

第三方的作用非常重要，他们能够扩散有关信任的信息。有趣的是，谣言不一定导致不信任，但可以放大信任行为的可能性。同时，不完全的描述和/或曲解也可能传播出去。个体会出于对声誉的维护而减少不合规行为，有关声誉的信息可以有效降低另一方的不可靠风险和不称职风险，增加行为的可预测性。在灾难救援组织中，如果双方以前没有合作经历，就只有依赖彼此的第三方信息来预测对方的行为。

第三方还作为中介，提供了把关系嵌入到新成形的网络中的预期与机会。对于在一个特定灾难中的人道物流快速成形网络而言，团队成员没有共享的历史，缺乏沟通交流的历史经验。但是，可能团队成员先前却在不同的环境中（不同的灾难中）扮演着相似的角色，不断地积累有关他们实际表现的声誉，因此，在新的快速成形网络中期待产生相同的表现。在这种情况下，第三方信息对提高个人和组织的有效性发挥了一个最重要的"中间人"作用。

在人道物流社会团体（与所有这种共享利益的社会团体一样）中，第三方信息将不可避免地根据其内容被交换，这对快速信任的发展可能产生一个积极的影响。能随时待命（On Call）的人道物流专业人员名单是各种救援组织挑选工作人员的数据库，可以包括每个个体的第三方信息，即每个个体的名字、资格技能和经验，都被记录以供救援机构挑选。开发和维护这种中央数据库可以为人道物流快速成形网络的发展提供有用的和中立的第三方信息。

更加广泛地，在其组织内部以及组织之间，人道组织有责任大力宣传其团队成员的技能。很明显，这样做的目的不是建立一种精英心态，而是通过个体提前展示其合适的技能，起到一个示范作用，以支持团队成员之间信任的形成。

这种建议产生了一个问题：一个特定的组织是否有能力去实现其使命。更早的研究发现，世界范围内分布着大量的救援组织，即使像尼加拉瓜这样的小型国家都有多达 350 多个不同的 NGO。尽管如此，大多数组织都声称，他们坚持了环球计划（the Sphere Project）的赈灾标准，但对他们在救援现场所开展的行动进行的非正式评价表明，他们展示的救援能力水平有相当程度的不同。这种焦虑一直没有被正式记录是不足为奇的，但是它确实提出了一个问题：是否需要引入某种形式的人道组织专业认证。当前，人们已经将人道组织的专业鉴定纳入到灾难管理准备阶段的讨论中。我们认为该方法有助于快速信任的建立，其依据是一个特定组织已被评判过的能力，对于工作人员一样如此。基于此，假定信任已存在了。

## 5.2.2  信任倾向（Dispositional Trust）

信任倾向是信任的另一个前因条件，在快速成形网络之前就已存在。信任倾向是指个体所持有的对他人可信或不可信的一般性态度倾向，是对他人行为可预测性所做的主观评价，且这种评价不会轻易地因情景而改变，是一种心理倾向。换句话说，某些人天生更容易信任其他人，抑或经由在早期生活中对人们行为的观察而习得，且这种倾向一旦形成便会固定下来，是个体在对他人有足够的了解之前，对他人的行为进行主观判断的较为重要的依据，即使没有直接理由，也会据此而行动，与他人的交往经验是愉快的和乐观的。

信任倾向在个体间存在着巨大的差别，即个体在天生的信任和不信任他人上具有差别，一般而言，信任倾向程度高的人更容易形成高水平的初始信任，反之则不利于信任的形成。但在组成层面上难以呈现出类似的差别，因为快速成形网络中的信任是通过个体之间发展起来的，每个个体成员的先天性信任倾向全方位地影响着快速成形网络中信任的形成。

在重大灾难发生时，信任倾向发挥着很大的作用，如果倾向于信任救援团队中的其他人，那么救援团队中成员间的快速信任就可能会产生，并且可以快速对其他成员产生一系列的信任行为。在第三方信息可用之前，信任倾向会影响信任形成。成员的信任倾向都会影响灾难救援中成员间信任的形成。

在人道物流快速成形网络进行灾难救援时 为了增强其快速信任的发展，推荐一些克服不信任倾向问题的方法是微不足道的。例如，根据个体的信任倾向来筛选个体成员是完全不切实际的。最简单和最明显的方法就是确保个人和团队领导都意识到个性人格有差异、文化之间有差异，以便他们在组织形成和信任发展中对这些差异予以充分考虑。

## 5.2.3　社会规则

社会规则包括可以控制事情进展的流程和程序，是一个发展快速信任的重要因素。简单地说，遵守社会规则，个体会被同行认为是值得信任的。判断组织中他人的行为是否值得信任的重要基础是：对交易范式的显性理解及隐性理解、日常互动和交换实践这三方面。简而言之，制定规则并遵守该规则能够防范"特立独行"的行为，这种不合常规的行为潜在地动摇了组织的稳定性，同时还降低了人际间和组织间的信任水平。确实，这种观点与其他研究人员都认为信任的概念是能够使个体的行为可预测，从而减少组织模糊和不确定性对信任的潜在损害，促进初始信任的形成。

规章制度是人道救援团队协同的基础和保障。然而，救援团队按照各自的救援规则运作，缺乏整体统一的规则指导团队行动，其规则不完备和执行效力低下，容易导致救援团队之间在衔接、协调和配合等方面出现问题。对于特大灾害而言，救援团队缺乏独自完成救援任务的各项资源，因此，需要通过相应的规则整合资源和共享信息，有效地提升灾害救援力量。也就是说，在人道供应链中没有一个组织可以声称自己能够迅速建立救援网络，所以，要通过规则来协调救援网络中的各个个体，同时还要通过遵守规则和按照规则执行任务促进快速信任的建立。因此，需要在人道救援网络中建立相应的程序、进程以及交流规则等，以达到更高效的合作。人道救援组织内部需要有自己的规则，其中完备的规章制度是人道组织间建立快速信任的保障因素。

然而，在快速信任发展的初始阶段，基于规则的行为主要涉及情景情况的规范性和组织结构的保障性。在情景规范中，任何事情都处于正确的状态和序列下，这会促进成功的交互作用；而当组织结构保障（如承诺、合约、规程等）完备的情况下，个体在行动过程中更有自信来据此推断他人的行为。对于人道物流而言，规范的情况即常态就是灾难救援情景，即一个人员的高度流动和不确定性情况。而且，没有一个组织结构能够在快速成形网络中得到保障。建立通用方法和设置规则等"结构化"概念与快速成形网络息息相关，因为"结构化"概念有助于确保从不同组织来到这个网络的个体能以最小的工作量做好过渡工作。在这方面，物流集群（Logistics Cluster，联合国联合物流中心 UNJLC 的继承人）和英国特许物流与运输研究所（CILT）提出了合作倡议，他们建立的"需求评估"通用模板就是一个非常重要的"结构化"概念。这样的举措，特别是物流集群，旨在建立长期的组织结构，可以确保人道物流快速成形网络在对任何灾难实施救援时基于规则地发展快速信任。

在商业背景下的规则一般涉及定价机制和契约合同，基于合同建立的"合同信任"是商业背景中的一种信任形式。人道组织的确可以利用合同来约束他们的供应商和物流服务提供商，但是不能利用这种合同机制去约束人道物流网络的其他成员，例如，其他人道组织、政府组织、军队或者灾区当地的供应商。因此，在人道物流快速成形网络中，不断变化的场景和人员的流动，毫无疑问地给灾前签订的合同带来了巨大挑战。灾后再签署一份合同可以作为前者的替代方法，该方法一样非常棘手。因为它无疑被HFN 的成员视为官僚主义事件，使得个体偏离了为挽救生命而开展的时间敏感性业务。

其次，一个典型的灾后快速成形网络是由来自许多国家的人员构成的，有着不同的文化和法律系统，组织的总部大多设置在另一个国家。而且，快速成形网络中的员工离职率非常高，例如，从随时待命名册中筛选的调派人员，通常只会工作3~4周的时间，然后被替换下来。即便个体的任职合同在这方面制定了明确的条款，但因协议管辖问题非常复杂而难以得到保障。简而言之，采用正式的合同机制不能为信任的形成提供一个规则基础。

因此，在合同机制缺失的情况下，快速成形网络不得不诉诸其他类型的规则。在这里，规则中的程序和过程，不仅需要与某个特定政府机关的管理关联起来，而且要与人际间的沟通相关联。因此，当快速成形网络的成员构建他们的救援网络时，他们以沟通规则作为其目标，例如，UNJLC独特的使命是提供一种人道物流协同机制的最佳实践，主要集中在发展模式和沟通标准以及人道组织在灾难救援协同运作中的角色定位上。然而，在人道背景下，制定出成文的流程和程序是困难的和反文化的。人道组织的工作主要体现在其成果和效果上，其存在的价值在于解除灾难造成的苦难和痛苦，机械地遵守"官僚主义"式的规则将被视为背离了他们真实的目标。基于统一规则就可以减少合作伙伴的机会主义行为。灾难救援中，一切行为都代表着生命或死亡，而机会主义行为会导致不信任，降低救援效率。

另一方面，在灾难应对时，NGO总是被迫聘用那些不是他们核心员工的人员，例如，那些来自随时待命名册上的候补人员。这些额外人员在特定 NGO 中的工作经验可能非常有限，在组织的规则下会暴露出更多的不足。所以，他们无意的不合常规的行为对建立人际间信任可能造成潜在的负面影响。需要用强有力的领导行为来维持平衡，强有力的领导行为对巩固团队关系是非常有价值的。然而，从"快速信任"的角度看，提前制定和讲解那些简洁明了和易于遵守的规则是非常有益处的，这些规则能够帮助新来者融入组织，快速而有效地发挥出作用。

将这些相同情况进一步推广应用到组织间的情景中时，规则应该大致都是相似的，以便被不同组织共同遵循，只需最小的工作量就能开展合作。不幸的是，到目前为止，为完成非常相同的任务，不同的组织采用的模板各不相同，而且种类繁多，效率低下。例如，需求评估就是这样。这个例子说明了，NGO 可能有他们自己的组织规则（包括模板），他们不愿意与他人合作、不愿制定出共同的规则和程序。他们这种行为有一定的合理性，保证了 NGO 在本质上有所不同的救灾领域中有效地实施救援工作（例如，提供医疗服务的人道组织可能需要不同类别的需求评估，而这类评估还需要其他组织的专业知识才能完成，如提供食物或避难所的组织）。这在同一部分的跨组织间也是非常明显的，例如联合国"物流集群"中的避难所集群就是这样的。所以，人道组织对于制定共同规则具有先天性的消极倾向，这种消极倾向体现在代表组织的个体行为中。因此，一套标准化的规则（如统一的办事流程、统一的交流标准、统一的组织保证）一定要有利于团队信任的发展，这是一个进展缓慢的领域。

## 5.2.4　相同范畴

当个体需要表现出信任性行为但又缺乏关于他人的准确信息时，便会运用范畴信息来处理不确定性和风险，在此过程中，个体会下意识将对方置于一定的组织范畴中，并根据对该组织的信任倾向来形成对对方的信任，这种范畴信息常源于信任的外围线索。信任的外围线索还包括社会团体或者社会阶层中的个体身份资格，这属于组织范畴，如同性别、种族、国家、宗教等。

范畴处理过程将个体看作某组织的一员，并根据该组织的处事规则来加以对待，从而简化了临时性组织的复杂性。在灾难救援的背景下，范畴是一个潜在的高度社会分化区域，具有明显的负面影响。例如，在军队和NGO之间就难以建立起人际间的工作关系，主要因为他们的组织目标不同、拥有强烈的负面组织成见以及感知的意识形态不同。判断团队成员之间的信任除了通过性别、种族、宗教或年龄等方面之外，还包括组织文化本身所构成的社会范畴。

组织文化可以用组织的网格结构（Grid）和团队结构（Group）来描述。

网格结构指的是组织实体的连通性，单独的实体或者按等级分层的实体是一个极端特例，网络结构是另一个极端特例。

另一方面，团队结构是有关个人主义与平等主义（至少在相同层级中）的组织文化。

例如，军队组织属于高度层级组织的社会范畴，在相同的层级上遵守平等主义原则。然而，NGO与此形成了鲜明对比，NGO遵循个人主义，针对个人的不同特征进行奖励。因此，他们之间存在着一种文化冲突。有趣的是，确定一个组织所属社会范畴的标准是相对的，而不是绝对的。所以，在人道领域中，NGO是一个由众多个体组成的网络，一个联合国机构相对 NGO 而言，就更具独立性和层级性。这就可以解释在人道救援供应网络中这些组织之间潜在的紧张关系。例如，在应对 Katrina 飓风灾难时，许多组织之间（如 FEMA 与美国海岸警卫队之间）存在文化失调。还能进一步解释冒险倾向与组织文化之间的联系。也就是说，分属不同社会范畴的组织具有不同的惯常方法和不同的风险管理方式。在一个灾难应对情景中，由社会范畴带来了组织文化冲突，严重影响到成员之间的信任建立，当成员来自于不同的组织时，这种影响将更严重。

这些成见无疑是存在的，对快速信任模型的启示在于：当信任方和被信任方分属于不同的社会范畴时，这将对他们之间的信任发展造成不利的影响。如果信任方和被信任方都是物流专业人员，或者两者都属于同一人道组织，这个负面影响更有可能发生在组织间，而不会发生在组织内。其挑战在于如何建立问题解决机制，一般是通过事先对话和谅解协议等机制来解决。例如，爱尔兰国防军和爱尔兰 NGO 之间持续的合作提供了一个非常优秀的范例，前者对后者进行正规培训和教育，后者定期给前者进行捐赠。所以，对话讨论的内容、相关的知识以及对各方看法和关注点的相互理解都将有助于打破潜在的范畴障碍，建立双方之间的信任。

## 5.2.5 角色

与范畴信息相似，组织成员也会基于彼此的角色来做出信任判断。成员的角色包含着一定的技术或专业信息，这在一定程度上能帮助人们对角色承担者的可信性做出判断。角色与范畴信息所不同的是，范畴包含着更广泛的信息来源，而角色信息只与功能承担者的角色相关，角色基于具体目标任务，是任务分解的结果。在快速信任形成的背景下，将角色作为研究的基础具有去人格化的益处。换句话说，信任方可以依据被信任方实际担当的特定角色来对个体能力做出预期，而不是关注特定个体的能力和动机等特定知识。

对医生的信任是基于角色的信任的一个典型例子，个体对医生具有先天性的积极信任倾向，因为医生拥有医学专门知识、持有相关专业资格证书，个体第一次就诊就会产生信任。基于角色的信任可以称为是"能力信任"，因为它是基于对其伙伴有能力完成任务的信心。能力是与职业或是任务内容有关的一系列专门技能、竞争力和特质。在大多数情况下，我们之所以信任对方，是因为我们相信对方具有某种专业技能，能够完成应该完成的义务。

在信任关系发展的早期阶段，由于缺乏过去互动的历史，被信任者必须用专业资格和认证证书作为其能力的证明。这样，在人道物流快速成形网络中，人道组织一般按照角色来选聘人员，比如聘用物流专业人员。角色给他人产生了预期：担当该角色的个体所具备的相关能力和技能已经被认证，信任也就由此获得。由于人道组织承担着明确的救灾责任，必须聘用相关专业人员才能完成灾难救援任务。同时，其他成员也是基于对组织选聘机制的信任，他们相信其他成员也是和自己一样通过努力和竞争才能进入到组织，而不是通过政治关系或贿赂等方式进入的，因此他们相信其他成员能够担任特定角色。所以，通过角色的方式发展信任是有效的，但也不能放松监督制度。

在灾难应对的背景中，人道物流所要求的恰当的能力和特质是什么，这仍是一个没有得到充分研究的问题。许多模型论证了能力要与组织的物流绩效联系起来，所以，目前许多人道组织已开始推进一些专项项目旨在提高他们员工的能力水平。从角色预期的角度，快速信任基于成员拥有的相关专业资格，专业资格证可以消除角色"模糊"，预期成员能够成功担当角色，这种良好的预期反映了在相互交往中成员能够完成任务的期望。

因此，建议人道组织在平时持续地发布培训计划和认证方案，根据个体拥有的相应资格条件，选聘固定的团队成员或者随时待命的临时成员。同时应该注意，认证方案不能只包括统一的共同标准，因为没有任何一种考试能准确测试出已有的正确技能，所以推行标准认证计划是存在风险的。这种风险还是有克服的方法，即可在已有的认证计划基础上进行。例如，英国物流与运输特许机构（CILT）就为红十字会提供过专项认证。

角色的明确程度影响快速信任的建立，角色越明确也就是对完成某项任务的人员所需要具备的能力、资质、技能和个人素质越明确，那么对该成员完成这项任务的期望值也就越高。因此，在大家公认的框架内，成功锚定的技能和经验能够为快速信任模型提供坚实的而有价值的前因角色，有利于发展所期待的人际间信任。

### 5.2.6　沟通

快速信任的建立需要成员间最初的沟通行为，初始信任是非常脆弱的，很可能会快速地消逝。沟通对快速信任形成的影响是双方面的。一方面，在团队形成之初，大量的沟通使彼此有了初步的了解，能够消除模糊状态，促进初始信任的形成，积极进行沟通的团队能较快地建立信任关系。另一方面，成员间文化差异可能会导致成员间的沟通障碍，同时，团队的初始沟通需要及时的反馈，否则沟通的积极性会受到打击，阻碍信任的建立，沟通不畅的团队则很难建立起高水平的信任。

沟通包括沟通行为和沟通内容，沟通行为包括频繁互动、主动行为、可预测沟通等，沟通内容包括非任务沟通、了解对方的沟通、积极主动的沟通等，沟通不仅包含所需传递的信息，也包含着情感，两者均能促进快速信任的建立，但任务性沟通是基础，是情感得以发挥的保障。临时团队建立初期，若缺少沟通，成员间可能很容易被干扰，从而导致成员间的协调性下降。

在灾害救援团队中，成员间的预先交往和熟悉能够提升救援团队处理突发事件的能力。团队成员熟悉其他成员的专业技能、社会观和交往方式可以强化整个危机管理团队的效力。互相熟悉的团队成员比不熟悉的团队成员更容易适应彼此之间的差异，更容易产生信任并在任务期间形成好的第一印象，更能很好地表达不同意见，更加乐意一起工作并分享团队成果。此外，团队成员在任务期间持续的沟通能够维持和促进团队信任。

### 5.2.7　第三方信息的可靠性感知

人道物流快速成形网络中的成员几乎没有共事经历，更多地依赖第三方的信息（如组织或成员的声誉、资格和历史经验等），第三方信息扮演着"中间人"的角色，它使得信任的产生不再是基于不明确的身份，而是基于个体或组织的信誉或声誉。

第三方信息是客观存在的，而感知第三方信息具有主观性和情境性，这种感知是一种认知，来自成员间最初的沟通行为。第三方信息的可靠性感知可以降低不可靠的风险，所以感知第三方信息会诱发初始信任。初始信任是非常脆弱的，很可能会快速地消逝。

## 5.2.8 相互依赖

相互依赖性是指为了达到救援组织及成员的共同目标而相互需要的程度。救援的共同目标是在最大程度上减少灾难损失，实现成功救援。人道救援团队所要完成的工作往往比较复杂、具有高度的专业化，且其需要完成的任务是相互依赖的，其相互依赖性主要表现在两方面：一是任务的相互依赖性，如在汶川地震救援过程中，不同的NGO在救援物资运输中扮演着不同的角色，有些负责后方筹集物资，有些负责中间物流，有些负责前线物资的发放；二是资源的相互依赖性，如重大灾难发生后，政府需要一些NGO的专业优势，同时政府对NGO和企业也会有一定的支持（如项目引导和优惠的税收政策等），此外企业捐助者还是NGO部分资金的供应者。

救援团队由于缺乏独立完成救援任务的能力，都对其他团队成员有一定程度的依赖。救援团队都是"脆弱"的，虽然都具有某方面的专业能力，但只有与其他救援团队协同起来才能达成应对灾害的目的，这种相互依赖促进了快速信任的产生。当依赖程度在中等程度时，快速信任程度较高。当相互依赖程度过高时，成员的依赖性将影响成员之间的行动，过分的依赖导致完成任务的风险加大，相互依赖的其中一方的失误对整个任务的完成会造成不利的影响，因此，过高的相互依赖将不利于快速信任的建立；相反，过低的相互依赖程度也不利于快速信任建立，也就是说过低的相互依赖将导致团队成员之间的联系变弱，成员间独立性较强，相互之间的沟通减少，对对方的需求和任务了解较少，由于对任务的理解差异导致双方不能达到契合，如此下去则不利于快速信任的建立。

## 5.2.9 承担风险的意愿

快速信任的提出在于管理临时性组织的风险，承担风险的意愿和信任行为一起构成了影响快速信任的因素。临时团队中信任的建立和维持更多依赖的是行动而不是关系。对于从未合作过的团队而言，迈出第一步是信任建立的关键。行动可以降低风险，主体的行动意愿强度显示了赋予对方的信任程度。

灾害救援团队产生于巨大的危机风险之中，在这里损失一旦出现就会超过所获得的收益，团队成员必须应付这种不平衡。一旦做出了承担风险的决定，团队成员之间就很容易达成一致态度，快速信任由此而产生；反之，如果灾害救援团队成员惧怕承担救灾危机风险，就很容易对其他团队成员造成干扰，制约成员协同合作。

## 5.2.10 其他前因条件

（1）行动强度。

信任是建立在风险和行动强度的交互关系之上的，灾害救援的行动强度也就是采取救援行动的积极性和主动性，这种行动强度越大，信任的意愿就越强烈，那么信任方对被信任方的依赖程度增加，这同时带来的是更大的风险，如果愿意承担风险而选择继续信任，可能带来更大的风险和行动强度，由此，行动强度促进了快速信任的建立。

行动强度对快速信任的影响主要体现在三方面：

第一，主动诱导，团队成员通过采取信任行为能够诱使他人也这么做，其他成员回报以认可和信任，尤其是那些不知道如何选择而保持沉默的成员。

第二，成员的行动可以应对任务和能力的不确定性，低初始信任的团队采用责备而不是行动来处理不确定问题，而高信任的救援团队通过积极主动的行动和计划处理救援行动的不确定性，另外可通过信息提前告知来应对等。

第三，回应，基于网络或信息的交流比面对面交流要承担更大的风险和不确定性，因此团队成员需要强烈的回应以表达认同和共担风险的意愿，可以促进相互间的信任。

人道救援团队承担着高风险高时效的救援任务，行动的迟缓将导致救援团队失去处理灾害救援的最佳时机，给应对灾害带来负面影响。若团队成员率先行动，会赢得其他成员的信任，形成团队初始信任的起点。团队成员的积极行动也表达了其强烈的合作意愿。

（2）明确的目标。

目标反映了团队对未来的预测或是共同的愿景，成员在共同目标之下进行沟通和交流，能够凝聚团队成员的工作热情和激发团队成员的工作欲望，也有助于演化为团队成员承认并共同遵守的行为准则。

　　灾害救援团队成员拥有共同应对灾害的统一目标，它影响着快速信任的建立。而明确的目标则需要成员明确自身要承担的责任，积极参与各项工作，这样救援团队快速信任才能建立。救援团队将具有各方面专长的人员组织在一起就是为了实现共同的目标。救援团队成员一般都具有不同的专业背景，彼此有可能不熟悉，需要对团队目标持续性关注，如果成员没有明确的目标或者工作与团队目标没有有效地结合起来，就难以相互信任，积极参与各项工作，为实现共同的灾害救援目标做出应有的贡献。

　　（3）文化环境。

　　社会环境相似性和共同的背景能增进相互的沟通了解，文化观从宏观上引导企业合作的进行，直接影响救援组织间信任的建立。文化导向为外倾型的公司会积极地与联盟公司建立良好的合作关系，以促进组织间信任的建立；而文化导向为内倾型的公司则表现得相当独立。

　　人道救援团队中的文化由团队成员共享的观念、文化和价值组成，也包括及团队成员对突发灾难的认识。不同的文化因素会对团队的运作产生不同的影响，在文化和地理上的差异是影响快速信任的重要因素。

　　（4）组织保障。

　　组织保障是指组织通过机制的设计促使团队尽可能地按照组织的意愿付出行动，组织的规章制度是替代个人信息和交往经验的又一信息来源，组织的正式制度和非正式规则都蕴含着某种不言而明的知识。

　　救援团队由于其归属组织规模、经济实力和组织文化等的差异，给团队带来的保障也不一样。在建立初始信任时，救援团队归属组织的规模越大，实力越强，与之合作的风险较小，信任水平也就越高。此外，组织鼓励成员相互合作，积极行事，对不守信用行为有严格执行的惩罚制度，鼓励具有技能与专长的员工通过团队合作完成工作，组织带给成员的都是正面的信息，给成员提供一种和谐的氛围，成员在组织中就能感到一种安全感，救援团队快速信任的发展就越快。所以在人道救援物流中，组织保障尤为重要。

　　（5）成员多样性。

　　团队的成员组成有两种形式：同质和异质。团队成员的同质性，即团队成员在性别、种族、态度、沟通方式、信仰、能力、专业技能、决策等方面的相似性；团队成员的异质性，即团队成员之间在态度、能力、专业技能、性别种族、沟通方式和信仰方面的多样性，这已经成为人道救援团队组成的重要因素。彼此不熟悉的团队成员，观点和价值观等方面的差异影响了沟通的有效进行，容易产生冲突，导致团队凝聚力下降，不利于信任的建立。

灾害救援团队成员存在能力、性格的差异，救援团队成员的同质可能引起团队成员在性格、沟通方式、态度、信仰、能力和信息分配等方面的相似性。灾害救援团队成员有自己独特的专业技能、做事风格，有不同的受教育程度、工作年限，同时团队成员经常发生变动，构成了救援团队成员的异质性。由同质成员组成的团队往往不如异质成员组成的团队，具体表现为能力不同的成员组成的团队效率高于能力相似的成员组成的团队。

以符合救援团队需要为目的的多样性，能够给团队带来有利于创造和激励发挥各自作用的和谐气氛。这种氛围中的成员对他人的质疑变成了一种基于任务本身的需要，不同观点往往认为是基于专业或工作的需要提出的，不是针对个人的性格或做法加以指责，可以给团队带来很大的创新，这样更有利于团队快速信任的建立。

（6）领导决策力。

灾害救援团队处理突发事件的成功与否取决于团队领导的能力强弱，团队领导需要具备能够激发团队成员信心的超凡的领导魅力，具备激发救援团队成员实现灾害救援任务目标的沟通能力，并且能够将其对团队的信心和对团队成员的信任展现出来。卓越的领导者是相互关系的建立者，团队领导的人际关系和技能可以帮助团队获得和优化配置救援团队内外的各种资源，完成灾害救援任务目标。团队领导需要在应对灾害救援的高压下，在有限的时间内做出正确决策，能提出解决问题的思路，预见团队未来会遇到的状况，建立团队成员需要遵守的规则。这些都是成员对其快速信任与否的重要依据，也是增强救援团队凝聚力的有效动力。

（7）时间管理。

在灾难救援过程中，存在"黄金72小时"，要求救援团队在短期内顺利完成任务，实现团队目标，解决临时性造成的团队脆弱性问题，因而对任务和团队时间进行有效管理就显得非常重要，组织间或者组织内部必须快速进入合作状态，加快救援速度，耽误的时间就是生死的时间。

　　灾害救援团队是典型的临时团队，通常是基于任务周期较短的临时任务组建的，完成救援任务的时间不确定，造成了团队预期的不确定，必然影响到成员的忠诚度。团队成员如果遵守时间表就更能够促进信任加深。

## 5.3　快速信任影响因素的解释结构模型分析

　　解释结构模型（Interpretive Structural Modeling，ISM）作为一种系统分析的工具，利用一种结构模型化技术将复杂系统分解为若干个子系统因素，并找出各因素之间的相互关系（包括因果关系、大小关系、上下游关系等），形成结构图形和结构矩阵。通过相应的矩阵演算与变换，将模糊化、复杂化的系统明朗化、简单化，同时构造一个多级递阶的结构模型，把不同的影响因素转化为直观的具有良好结构关系的模型，便于系统的分析，具有很强的解释功能。

　　ISM 是一个交互式的学习过程，将各因素间不同的直接和非直接关系结构化为一个综合系统模型。在 ISM 技术中，决策是依据专家委员会判断出的变量间相互依赖关系做出的，所以 ISM 具有解释的属性。ISM 的目的在于分析出专家判断支撑的系统和逻辑想法。ISM 需要的专家数量要远远少于 Delphi 法和结构方程模型（Structural Equation Modeling，SEM）。

　　人道物流的快速信任是一个由众多因素影响形成的复杂系统。本章引入解释结构模型系统分析的方法研究快速信任的前因条件，可以理清快速信任影响因素的主次关系，识别因素间的层次结构，找出其中的关键因素，从而进一步理解快速信任的形成机制，为快速信任构建提供决策参考。

　　结合上节识别出来的人道物流中的快速信任影响因素构建模型，现将识别出来的因素：1 角色、2 相互依赖、3 第三方信息、4 信任倾向、5 社会规则、6 相同范畴、7 行动强度、8 明确的目标、9 第三方信息的可靠性感知、10 文化环境、11 组织保障、12 成员多样性、13 领导决策力、14 时间管理、15 承担风险意愿分别命名为 $S_1$，$S_2$，$S_3$，$S_4$，$S_5$，$S_6$，$S_7$，$S_8$，$S_9$，$S_{10}$，$S_{11}$，$S_{12}$，$S_{14}$，$S_{15}$。快速信任命名为 $S_0$。下面将利用 ISM 进行建模。

## 5.3.1 邻接矩阵的建立

首先建立人道物流中的快速信任系统因素邻接矩阵。邻接矩阵描述了人道物流中的快速信任各因素两两之间的直接关系，按照解释结构模型的要求，有 $n$ 个因素的系统的邻接矩阵为：

$$A = \left[ a_{ij} \right] = \begin{cases} 1, & \text{当因素} S_i \text{与} S_j \text{有直接影响时} \\ 0, & \text{否则} \end{cases}$$

为了保证所得到的邻接矩阵真实可靠，在咨询 5 个专家意见以及参考文献的基础上，按照以下规则建立各因素之间的关系，构建的供应链弹性影响因素邻接矩阵，如表 5-2 所示。

其中 $S_i$ 对 $S_j$ 有直接影响，那么 $a_{ij}$ 赋值为 1；$S_i$ 对 $S_j$ 无直接影响，那么 $a_{ij}$ 赋值为 0；$S_i$ 和 $S_j$ 相互之间都有影响，影响大的赋值为 1，影响小的赋值为 0；$S_i$ 和 $S_j$ 相互之间都有影响，且影响相当时，都赋值为 1；$S_i$ 和 $S_j$ 相互之间都没有影响，赋值为 0（$i$, $j$=0, 1, 2, …, 14, 15）。表中 $V$ 代表行因素直接影响到列因素，$A$ 代表列因素对行因素有直接影响；各影响因素的邻接矩阵 $A$，如表 5-3 所示。

表 5-2  影响因素关系表

| | | | | | | | | | | | | | | | | |
|---|---|---|---|---|---|---|---|---|---|---|---|---|---|---|---|---|
| V | | | A | | A | V | V | | | | | | | | $S_{15}$ | 承担风险意愿 |
| V | | | A | | | | | | | | | | | $S_{14}$ | | 时间管理 |
| V | | | A | | A | | | | | | | | $S_{13}$ | | | 领导决策力 |
| V | A | | | | | | | | | | | $S_{12}$ | | | | 成员多样性 |
| | | | | A | | | | | | | $S_{11}$ | | | | | 组织保障 |
| V | | | | | | | | | | $S_{10}$ | | | | | | 文化环境 |
| V | A | | A | A | | | | | $S_9$ | | | | | | | 第三方信息的可靠性感知 |
| V | | | | A | | | | $S_8$ | | | | | | | | 明确的目标 |
| V | | | | A | | | $S_7$ | | | | | | | | | 行动强度 |
| V | | | | | | $S_6$ | | | | | | | | | | 相同范畴 |
| V | | V | | | $S_5$ | | | | | | | | | | | 社会规则 |
| V | | | $S_4$ | | | | | | | | | | | | | 信任倾向 |
| V | | $S_3$ | | | | | | | | | | | | | | 第三方信息 |
| V | A | $S_2$ | | | | | | | | | | | | | | 相互依赖 |
| V | $S_1$ | | | | | | | | | | | | | | | 角色 |
| $S_0$ | | | | | | | | | | | | | | | | 快速信任 |

表 5-3  快速信任影响因素邻接矩阵

$$A = \begin{bmatrix}
1 & 1 & 0 & 0 & 0 & 0 & 0 & 0 & 1 & 0 & 0 & 1 & 0 & 0 & 0 & 0 \\
0 & 1 & 0 & 0 & 0 & 0 & 0 & 0 & 0 & 0 & 0 & 0 & 0 & 0 & 0 & 0 \\
0 & 0 & 1 & 0 & 0 & 0 & 0 & 1 & 1 & 0 & 0 & 0 & 0 & 0 & 0 & 0 \\
0 & 0 & 0 & 1 & 0 & 0 & 1 & 0 & 1 & 0 & 1 & 0 & 0 & 0 & 0 & 1 \\
0 & 1 & 0 & 0 & 1 & 0 & 0 & 1 & 0 & 0 & 0 & 0 & 0 & 1 & 1 & 0 \\
0 & 0 & 0 & 0 & 0 & 1 & 0 & 0 & 0 & 0 & 0 & 0 & 0 & 0 & 0 & 1 \\
0 & 0 & 0 & 0 & 0 & 0 & 1 & 0 & 0 & 0 & 0 & 0 & 0 & 0 & 0 & 0 \\
0 & 0 & 0 & 0 & 0 & 0 & 0 & 1 & 0 & 0 & 0 & 0 & 0 & 0 & 0 & 0 \\
0 & 0 & 0 & 0 & 0 & 0 & 0 & 0 & 1 & 0 & 0 & 0 & 1 & 0 & 0 & 0 \\
0 & 0 & 0 & 0 & 0 & 0 & 0 & 0 & 0 & 1 & 0 & 0 & 0 & 0 & 0 & 0 \\
0 & 0 & 0 & 0 & 0 & 0 & 0 & 0 & 0 & 0 & 1 & 0 & 0 & 0 & 0 & 0 \\
0 & 0 & 0 & 0 & 0 & 0 & 0 & 0 & 0 & 0 & 0 & 1 & 0 & 0 & 0 & 0 \\
0 & 0 & 0 & 0 & 0 & 0 & 0 & 0 & 0 & 0 & 0 & 0 & 1 & 0 & 0 & 0 \\
0 & 0 & 0 & 0 & 0 & 0 & 0 & 0 & 0 & 0 & 0 & 0 & 0 & 1 & 0 & 0 \\
0 & 0 & 0 & 0 & 0 & 0 & 0 & 0 & 0 & 0 & 0 & 0 & 0 & 0 & 1 & 0 \\
0 & 0 & 0 & 0 & 0 & 0 & 1 & 1 & 0 & 0 & 0 & 0 & 0 & 0 & 0 & 1
\end{bmatrix}$$

进一步分析可知，邻接矩阵有如下四个特点：

（1）全部为 0 的行对应的因素为系统的输出单元，例如表 5-2 中最后一行，表示彼此快速信任。

（2）全部为 0 的列对应的因素为系统的输入单元。

（3）每个因素对应的行向量中取值为 1 的元素数量表示从该元素出发可达到的其他元素的数量。

（4）每个因素对应的列向量中取值为 1 的元素数量表示从其他元素出发可达到的该元素的数量。

## 5.3.2  可达矩阵的建立

在建立快速信任系统邻接矩阵 $A$ 的基础上可以得到矩阵（$A+I$），对矩阵（$A+I$）进行幂运算（基于布尔代数运算）

可达矩阵的定义：$A_1 = A+E$

$$A_2 = A_1 * A_1$$

……

$$A_i = A_{i-1} * A_{i-1} \quad A_i 称可达矩阵$$

可达矩阵 $M$，如表 5-4 所示

表 5-4　可达矩阵

$$M = \begin{bmatrix}
1 & 1 & 0 & 0 & 0 & 0 & 0 & 0 & 1 & 0 & 0 & 1 & 1 & 0 & 0 \\
0 & 1 & 0 & 0 & 0 & 0 & 0 & 0 & 0 & 0 & 0 & 0 & 0 & 0 & 0 \\
0 & 0 & 1 & 0 & 0 & 0 & 0 & 1 & 1 & 0 & 0 & 0 & 1 & 0 & 0 \\
0 & 0 & 0 & 1 & 0 & 0 & 1 & 1 & 1 & 0 & 1 & 0 & 1 & 0 & 1 \\
0 & 1 & 0 & 0 & 1 & 0 & 0 & 1 & 0 & 0 & 0 & 0 & 1 & 1 & 0 \\
0 & 0 & 0 & 0 & 0 & 1 & 1 & 1 & 0 & 0 & 0 & 0 & 0 & 0 & 1 \\
0 & 0 & 0 & 0 & 0 & 0 & 1 & 0 & 0 & 0 & 0 & 0 & 0 & 0 & 0 \\
0 & 0 & 0 & 0 & 0 & 0 & 0 & 1 & 0 & 0 & 0 & 0 & 0 & 0 & 0 \\
0 & 0 & 0 & 0 & 0 & 0 & 0 & 0 & 1 & 0 & 0 & 0 & 1 & 0 & 0 \\
0 & 0 & 0 & 0 & 0 & 0 & 0 & 0 & 0 & 1 & 0 & 0 & 0 & 0 & 0 \\
0 & 0 & 0 & 0 & 0 & 0 & 0 & 0 & 0 & 0 & 1 & 0 & 0 & 0 & 0 \\
0 & 0 & 0 & 0 & 0 & 0 & 0 & 0 & 0 & 0 & 0 & 1 & 0 & 0 & 0 \\
0 & 0 & 0 & 0 & 0 & 0 & 0 & 0 & 0 & 0 & 0 & 0 & 1 & 0 & 0 \\
0 & 0 & 0 & 0 & 0 & 0 & 0 & 0 & 0 & 0 & 0 & 0 & 0 & 1 & 0 \\
0 & 0 & 0 & 0 & 0 & 0 & 1 & 1 & 0 & 0 & 0 & 0 & 0 & 0 & 1
\end{bmatrix}$$

### 5.3.3　可达矩阵的层级分解

根据可达矩阵，求出快速信任各影响因素的可达集合 $R(S_i)$、先行集合 $Q(S_i)$，以及共同集合 $R(S_i) \cap Q(S_i)$。

可达集合 $R(S_i)$：可达矩阵中要素 $S_i$ 对应的行中，包含有 1 的矩阵元素所对应的列要素的集合。代表要素 $S_i$ 到达的要素。

先行集合 $Q(S_i)$：达矩阵中要素 $S_i$ 对应的列中，包含有 1 的矩阵元素所对应的行要素的集合。代表 $S_i$ 先行的要素。

共同集合 $C(S_i) = R(S_i) \cap Q(S_i)$。

为了对可达矩阵进行分解，先把可达集合与先行集合及其交集列出，如表 5-5 所示。

表 5-5 层级分解初始表

| | $R(S_i)$ | $Q(S_i)$ | $R(x_i)\cap Q(S_i)$ |
|---|---|---|---|
| 1 | 1, 2, 9, 12, 13 | 1 | 1 |
| 2 | 2 | 1, 2, 5 | 2 |
| 3 | 3, 8, 9, 13 | 3 | 3 |
| 4 | 4, 7, 8, 9, 11, 13, 15 | 4 | 4 |
| 5 | 2, 5, 8, 13, 14 | 5 | 5 |
| 6 | 6, 7, 8, 15 | 6 | 6 |
| 7 | 7 | 4, 6, 7, 15 | 7 |
| 8 | 8 | 3, 4, 5, 6, 8, 15 | 8 |
| 9 | 9, 13 | 1, 3, 4, 9 | 9 |
| 10 | 10 | 10 | 10 |
| 11 | 11 | 4, 11 | 11 |
| 12 | 12 | 1, 12 | 12 |
| 13 | 13 | 1, 3, 4, 5, 9, 13 | 13 |
| 14 | 14 | 5, 14 | 14 |
| 15 | 7, 8, 15 | 15 | 15 |

层级分解的目的是可以更清晰地了解系统中各要素之间的层级关系，最顶层表示系统的最终目标，往下各层分别表示是上一层的原因。利用这种方法，我们可以科学地建立其他问题间的类比模型。层级分解的方法是根据 $R(S_i)\cap Q(S_i)$ 条件来进行层级的抽取。其中 $i=(2, 7, 8, 10, 11, 12, 13, 14)$ 满足条件。得到下表 5-6。

表 5-6 层级的抽取结果 1

| | $R(S_i)$ | $Q(S_i)$ | $R(S_i)\cap Q(S_i)$ |
|---|---|---|---|
| 1 | 1, 9 | 1 | 1 |
| 3 | 3, 9 | 3 | 3 |
| 4 | 4, 9, 15 | 4 | 4 |
| 5 | 5 | 5 | 5 |
| 6 | 6, 15 | 6 | 6 |
| 9 | 9 | 1, 3, 4, 9 | 9 |
| 15 | 15 | 15 | 15 |

从表 5-6 中又发现 i=（5，9，15）符合条件，按照条件抽取得到下表 5-7。

表 5-7　符合条件层级的抽取结果 2

|  | $R(S_i)$ | $Q(S_i)$ | $R(S_i) \cap Q(S_i)$ |
| --- | --- | --- | --- |
| 1 | 1 | 1 | 1 |
| 3 | 3 | 3 | 3 |
| 4 | 4 | 4 | 4 |
| 6 | 6 | 6 | 6 |

从以上的抽取结果可以得到因素的层级关系，如图 5.1 所示

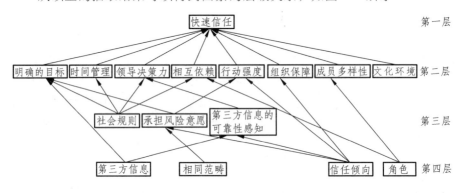

图 5.1　人道物流中快速信任系统层级结构图

由以上分析得到解释结构模型层级分解图，可以看出，这种分析方法可以将复杂的人道物流快速信任影响因素层次化，使结构更有条理。

（1）直接影响因素：成员多样性、相互依赖、行动强度、领导决策力、时间管理、明确的目标、组织保障和文化环境这些因素对快速信任产生直接的影响，其中，相互依赖通过成员间的交互和任务的依赖性直接对快速信任产生影响；行动强度是影响快速信任的重要因素，成员通过积极强烈的行动来获取对方的信任，而更高的信任度将会带来更积极的行动。

（2）间接影响因素：角色、第三方信息、相同范畴、规则、信任倾向、第三方信息的可靠性感知和承担风险意愿则是通过其他因素间接地对快速信任产生影响。角色通过影响参与任务的成员多样性影响快速信任，通过定义角色之间的相互依赖影响快速信任，通过定义角色任务使角色之间通过沟通建立快速信任；第三方信息的可靠性感知也是影响快速信任最直接

的因素，信任本身就是一个心理学的概念，成员间通过相互沟通后能够更清晰地了解对方，对对方的能力、性格、资质等多方面具有更清晰的了解，通过双方之间的深入了解建立更强的快速信任。

通过解释结构模型分析人道救援供应链中的快速信任影响因素，挖掘出了影响快速信任的因素，并建立了这些因素之间的层级关系。其实践意义在于通过因素的详细分析，在人道救援组织之间需要建立快速信任时，有助于将影响因素纳为考虑的重点，根据相关因素来构建快速信任。

国内外对快速信任与快速信任影响因素的研究都趋于较成熟的水平，然而，不同学科学者就快速信任有着不同的见解，因此他们以自身的视角总结了不同的快速信任影响因素。采用解释结构模型对因素进行层级分解，使各因素对快速信任的影响路径更为条理化和层次化。需要指出的是，本章在考虑因素之间的影响时，只能考虑各因素之间的单向影响，而没有考虑因素之间的双向影响，这也正是解释结构模型的缺陷之处。

## 5.4　MICMAC 分析

MICMAC（Matrice d'Impacts Croisés Multiplication Appliquée á un Classement（cross-impact matrix multiplication applied to classification））称为交叉影响矩阵相乘法，可以用来分析影响人道物流快速信任因素中哪些是驱动力因素，哪些是依赖因素。根据矩阵的乘法特性将这些因素可以分为四个族，分别是自治因素、依赖因素、联系因素和独立因素。采用 MICMAC 方法分析如图 5.2 所示。

在图 5.2 中，列与行中的"1"分别表示依赖力和驱动力。然后关键因素按分值排序分类。例如因素 7 的驱动力分值为 1，依赖力分值为 4。计算出所有因素的依赖力和驱动力分值后，绘制出如图 5.3 所示的驱动力和依赖关系。

由分析结果图 5.3 可以得出：

（1）Cluster Ⅰ：2 相互依赖、6 分类属性、7 行动强度、9 沟通行为、10 文化环境、11 组织保障、12 成员多样性、14 时间管理、15 承担风险意愿为自治因素，它们的依赖程度和驱动力都较弱，对整个系统的影响相对较小。这些因素之间的联接很少，一旦有联接就可能是强联接。

図 5.2 MICMAC 分析の行列：

| | | | | | | | | | | | | | | | | Drivingpower | Ranks |
|---|---|---|---|---|---|---|---|---|---|---|---|---|---|---|---|---|---|
| $s_2$ | 1 | 0 | 0 | 0 | 0 | 0 | 0 | 0 | 0 | 0 | 0 | 0 | 0 | 0 | 0 | 1 | F |
| $s_7$ | 0 | 0 | 0 | 0 | 0 | 0 | 1 | 0 | 0 | 0 | 0 | 0 | 0 | 0 | 0 | 1 | F |
| $s_8$ | 0 | 0 | 0 | 0 | 0 | 0 | 0 | 1 | 0 | 0 | 0 | 0 | 0 | 0 | 0 | 1 | F |
| $s_{10}$ | 0 | 0 | 0 | 0 | 0 | 0 | 0 | 0 | 1 | 0 | 0 | 0 | 0 | 0 | 0 | 1 | F |
| $s_{11}$ | 0 | 0 | 0 | 0 | 0 | 0 | 0 | 0 | 0 | 0 | 1 | 0 | 0 | 0 | 0 | 1 | F |
| $s_{12}$ | 0 | 0 | 0 | 0 | 0 | 0 | 0 | 0 | 0 | 0 | 0 | 1 | 0 | 0 | 0 | 1 | F |
| $s_{13}$ | 0 | 0 | 0 | 0 | 0 | 0 | 0 | 0 | 0 | 0 | 0 | 0 | 1 | 0 | 0 | 1 | F |
| $s_{14}$ | 0 | 0 | 0 | 0 | 0 | 0 | 0 | 0 | 0 | 0 | 0 | 0 | 0 | 1 | 0 | 1 | F |
| $s_9$ | 0 | 0 | 0 | 0 | 0 | 0 | 0 | 1 | 0 | 0 | 0 | 1 | 0 | 0 | | 2 | E |
| $s_{15}$ | 0 | 0 | 0 | 0 | 0 | 1 | 1 | 0 | 0 | 0 | 0 | 0 | 0 | 0 | 1 | 3 | D |
| $s_3$ | 0 | 0 | 1 | 0 | 0 | 0 | 0 | 1 | 1 | 0 | 0 | 0 | 1 | 0 | 0 | 4 | C |
| $s_5$ | 0 | 0 | 0 | 0 | 0 | 0 | 1 | 1 | 1 | 0 | 0 | 0 | 0 | 0 | 1 | 4 | C |
| $s_6$ | 0 | 1 | 0 | 0 | 1 | 0 | 0 | 1 | 0 | 0 | 0 | 0 | 1 | 1 | 0 | 5 | B |
| $s_1$ | 1 | 1 | 0 | 0 | 0 | 0 | 0 | 0 | 1 | 0 | 0 | 1 | 1 | 0 | 0 | 5 | B |
| $s_4$ | 0 | 0 | 0 | 1 | 0 | 0 | 1 | 1 | 1 | 0 | 1 | 0 | 1 | 0 | 1 | 7 | A |
| **Dependence** | 2 | 2 | 1 | 1 | 1 | 0 | 4 | 6 | 5 | 1 | 2 | 2 | 6 | 2 | 3 | | |
| **Ranks** | E | E | F | F | F | G | C | A | B | F | E | E | A | E | D | | |

图 5.2  MICMAC 分析

（2）Cluster Ⅱ：8 明确的目标、13 领导决策力为依赖因素。依赖程度较高，驱动力较弱。这两个因素是快速信任的影响因素的一种产出。

（3）Cluster Ⅲ：因素的依赖程度和驱动力都较强。本质上，这些因素是不稳定的，因素的任何波动都对其他因素产生影响，并反馈给自己。从图 5.3 中可以发现快速信任没有Ⅲ类因素，也就是没有本质上不稳定的影响因素。

（4）Cluster Ⅳ：1 角色、3 第三方信息、4 信任倾向、5 规则为独立要素。驱动力较强，依赖程度较弱。这些因素其驱动力处于较高水平，而依赖程度较低，将其定义为独立因素。这些因素共同组成了 ISM 层次结构的基础层级，是快速信任的决定性影响因素。

通过解释结构模型建立的救援团队快速信任影响因素的层级结构和 MICMAC 方法对影响因素的族群划分，不同的因素需要采用不同的治理措施，以达到救援团队间的快速信任。

对 Cluster Ⅰ 自治因素而言，救援团队快速信任影响因素的驱动力和依赖程度都较弱，因此，这些因素的变化对整个系统的影响较小，包括对其他因素的影响，但是这些因素与快速信任存在本质上的联系，这种联系对快速信任产生直接影响，因此，加强这些因素与快速信任之间的联系是提高快速信任的本质措施。

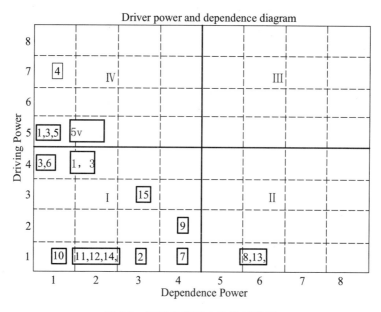

图 5.3　因素的驱动力和依赖关系

救援团队的相互依赖程度作为依赖因素，受到角色、目标和规则的影响。救援团队的角色专业化程度越高，其依赖的程度越高，因此，在选择协同团队的时候需要考虑其所具有的资历、资质和经验等；分类属性是团队或个人所具备的专业素质，文化环境间接地影响着团队或个人的性格、信仰等，因此，救援团队在选择协同伙伴时应尽可能地考虑专业素质、个人性格等多方面因素；救援团队的救援行动强度作为依赖因素，受到目标、组织保障和信任倾向的影响。救援目标的明确程度越高，基于此目标的行动强度越大，因此，建立基于救援的角色任务分配和规章制度可以指导救援团队的行动；救援团队归属组织的保障在一定程度上影响救援团队的信心，因此，归属组织的规模、经济实力和文化等因素成为救援团队选择协同伙伴时需要考虑的重要因素；救援团队成员的多样性作为自治因素，需要通过直接控制多样性程度促进救援团队快速信任的建立，多样性程度过高易增加沟通障碍，多样性程度过低易造成专业救援人员的缺乏，因此，需要根据灾害的基本需要控制救援团队多样性；在时间管理方面，需要制定相应的规则加强救援团队的时间观念，严格遵守任务时限，在保证任务质量的前提下高效完成救援任务；承担风险的意愿在一定程度上也受到信任倾向的影响，因此，通过考核救援团队成员和领导的个人倾向，选择具有这种适度倾向的成员和领导。

沟通行为和文化环境的依赖程度较弱，其驱动力也处于中等水平，因此其影响程度也处于中等水平。因此，采取适当的措施能够提高这些因素对驱动因素的影响，如建立更权威更详尽的救援团队信息数据库、建立更全面的规章制度等。

对 ClusterⅡ依赖因素而言，这些救援团队快速信任影响因素的驱动力较弱，而依赖程度较高，在一定程度上这些因素需要依赖其他因素对整个系统产生影响。驱动力较弱体现依赖因素对其他因素的影响较小，而对其他因素的依赖程度高，受其他因素的影响较大，可以通过其他因素的改变促进依赖因素对快速信任的影响。

目标影响沟通行为、相互依赖和行动强度，且这种驱动影响力较大，通过目标任务的明确分配可以有效地提高沟通行为、相互依赖和行动强度对快速信任的影响。救援团队对子目标的明确程度越高，其依赖对象的明确程度越高，因此，救援任务的分配需要明确地结合团队的专业性；救援团队领导决策力作为自治因素，对其他因素的驱动和依赖都较弱，它通过与快速信任直接本质的联系影响救援团队快速信任的建立和发展，由于灾害的突发和紧急等特征，领导应对灾害过程的灵活应变能力和决策能力是决定救援成功的关键，灾害救援团队的领导需要通过针对灾害的专业培训提高这方面的能力，同时，救援团队可以通过考核的方式选择具有这方面能力特长的领导者。

就 ClusterⅣ影响救援团队快速信任的独立因素而言，依赖程度较低，而驱动力处于较高水平，对其他因素乃至整个系统都有积极地影响。因此，对这些因素的改变将对快速信任带来影响。

角色、第三方信息和目标作为独立因素，其对其他因素的依赖性较弱，而对其他因素的驱动力较强。如前所述角色影响成员多样性、相互依赖和沟通行为，而且这种驱动力非常强，通过提高救援团队角色专业程度可以有效地促进相互依赖、成员多样性和沟通行为对快速信任的影响；信任倾向也体现在救援团队的风险偏好，倾向于选择信任的团队，带来的风险较大，通过采取积极主动的行动来获取其他团队的信任，从而降低风险；规章制度规定了救援团队需要完成的任务和担负的责任，因此，建立基于灾害救援团队的详尽的规章制度，有助于团队间信任关系的形成和发展。

# 6 人道物流中的快速信任产生机制

信任的产生依赖于空间和边界，也依赖于时间和历史。前者属于特征识别，是基于认同的信任；后者属于过程记录，是基于知识的信任。要在极短时间内发展快速信任就需要去人格化的身份类别和浓缩的历史。通过相同范畴和身份角色简化以及隐匿个体特征的丰富信息，以走出在空间和边界上由血缘、地缘和业缘所带来的差序格局；通过社会规则和第三方信息（如声誉等）规范互惠性互动和增加集体记忆，以缩短在时间和历史上由于情感亲密认同所需要的心路历程。同时，成员在人道物流协会等志愿组织中，在信任倾向驱动下，自主构建并保持积极乐观的沟通环境，在情感上激发出共同目标和利益，剪除未来的复杂性和风险性，增加现在的确定性，形成全体成员自觉思想共识的快速信任。

## 6.1 快速信任的产生机制模型

在第五章中，我们用解释结构模型分析出了快速信任的关键因素分别为第三方信息、信任倾向、社会规则、相同范畴、角色、沟通和承担风险的意愿，这些关键因素分别属于信任方、被信任方和第三方，如图 6.1 所示（见本书第 90 页）。

### 6.1.1 人道物流中的信任行为

在快速信任模型中，产生信任的六个前因条件非常重要。区分信任和信任行为也很重要。信任行为是一种人际信任的行动，并通过感知行动的潜在损益风险来调节行动。在人道救援背景下，感知风险包括有形的实际危险和无形的声誉损失，其中声誉损失程度取决于快速成形网络中其他成员的行为。本质上，信任的行动是信任者准备依赖他人的行动，从而增大了自身的脆弱性。因此，如果感知风险的水平高于信任的水平，个体一般不会乐意做出信任行为。

　　商业环境中的契约机制或者价格机制等规则有助于控制风险水平和确保相互了解。但是，在快速信任模型中，由于缺少有效的契约机制和价格机制，故用沟通环境作为替代。然而快速成形网络所处的沟通环境不允许长时间的合同谈判，还妨碍了对资金风险和信誉风险的相互理解。影响他人信任的个体所做出的评估，将严重影响到沟通环境的有效性。

　　这种沟通环境除了有各种精神鼓励的运作情况外，还有两个极端情况：面对面的会谈和现场人员与远程总部之间的电话沟通。个体在面对面的会谈中，通过便捷的沟通和非言语的附加信息，比电话沟通更容易确定是否信任。此外，电话沟通是在虚拟环境中进行的，其运作效果是双向的：总部的感知风险增加了，是因为总部对个体的控制程度减少了，个体的感知风险也增加了，是因为缺乏面对面交流，造成了角色模糊和角色负荷过重。

　　沟通交流在灾难救援中是非常重要的，Weick 对此进行了强调，他于1993 年在管理学顶级学术期刊 Administrative Science Quarterly 上发表了一篇论文，题目是《组织意义的崩溃：曼恩峡谷灾难》(*The Collapse of Sensemaking in Organizations：The Mann Gulch Disaster*)。

　　曼恩峡谷灾难是指 1949 年 8 月 5 日发生在美国蒙大拿州曼恩峡谷的一场山火消防灾难。在那场灾难中，16 名消防队员是临时调集的，有 13 名消防队员牺牲了。当时，成员 Wag Dodge 看见了一条约 7 米高的巨大火龙以每分钟 200 米的移动速度向他们扑来。Wag Dodge 立即向其他的消防队员高喊让他们扔掉工具，然后他迅速引火烧出一块地，召唤大家在燃过的地方趴下以躲避火舌。然而，他的队友们没有人听他的话，大家都向山梁上跑去。结果是：Wag Dodge 在燃烧后的灰烬中生存下来，另外两个人跑过山梁得以生存，而其他 13 人没有来得及跑过去就被大火吞噬。

　　Weick 认为这反映了一个关键的组织问题，就是团队成员之间的沟通交流极少，这极大地降低了团队间协调的水平。简而言之，在临时组织发展的早期，沟通的缺乏加剧了团队中断的脆弱性。在山火扑面而来的巨大压力下，团队内的人际信任不足以防止团队的分裂，也不能阻止自利（或者更确切地说是自我保护）的回归。

　　总之，清晰的沟通环境将影响信任的形成，其中面对面的沟通环境有利于信任的形成，以计算机为媒介的虚拟沟通环境增大了风险感知，降低了将信任转化为信任行为的倾向。

当然，有许多技术可以克服虚拟沟通环境的问题，如视频会议系统。但我们一定要认识到问题的关键在于对个体行动的风险感知效应，以及人际间交流的角色效应，所以要尽可能地增加面对面沟通的机会，例如，总部人员到现场访问，以及通过恰当的引导、培训和教育确保团队对问题有正确的认识。

## 6.1.2　信任意愿与信任行为

快速信任是一种行为表现，它包含信任意愿与信任行为两个架构。信任意愿是指相信对方有做出某些可预测的行为的能力和意愿，愿意依赖某人，是对方能力大小、善意和正直程度及行为可预测性的函数。信任行为是承担风险意愿在行为上的表现。快速信任并不在于强调信任意愿，而在于强调信任理念所能引发的积极的后续行为。

信任一般包含认知成分、情感成分和行为成分，其中，行为成分是信任的最终实现，是认知和情感成分相互作用和发展的结果。快速信任所追求的是信任行为。信任倾向是跨对象和跨情景的，对信任意愿与信任行为有直接影响，同时还可以调节来自第三方的信任。第三方的信任是具体情景跨对象的，基于第三方信息而产生推荐信任，它可以通过信任倾向的调节影响信任意愿与信任行为。第三方信息（如声誉等）是组织（个人）的历史浓缩，由不同的组织（个体）记忆传播而来，即所谓的声誉效用。在人道物流快速成形网络中，成员几乎没有共事的经验，声誉成为他们之间可信性判断的一种重要信息。在灾难救援中，基于角色的信任其实是基于组织（个人）持有的相关专业资格证的信任，而专业资格证则代表组织（个人）的能力和可信性。在灾难救援中，社会规则控制任务和资源的规范性和组织结构的保障性，这使得人道物流快速成形网络中组织（个人）间共同遵循，从而影响着他们的信任意愿与信任行为。不同范畴的组织（个人）间存在着性别、种族、宗教信仰及文化地域差异，而这些将导致信任意愿与信任行为的差异。

综上分析，我们可以基于信任方、被信任方和第三方的快速信任的影响因素及信任意愿与信任行为之间的相关关系，进行如下假设，得到图6.1。

*H*1a：信任方的信任倾向与信任意愿正相关；

*H*1b：信任方的信任倾向与信任行为正相关；

*H*1c：信任方的信任倾向与社会规则规范正相关；

*H*1d：信任方的信任倾向与第三方信息的可靠性感知正相关；

*H*2a：被信任方的第三方信息与信任意愿正相关；

*H*2b：被信任方的第三方信息与信任行为正相关；

*H*2c：被信任方的角色与信任意愿正相关；

*H*2d：被信任方的角色与信任行为正相关；

*H*3a：社会规则规范与信任意愿正相关；

*H*3b：社会规则规范与信任行为正相关；

*H*3c：第三方信息的可靠性感知与信任意愿正相关；

*H*3d：第三方信息的可靠性感知与信任行为正相关；

*H*4a：承担风险的意愿与信任意愿正相关；

*H*4b：承担风险的意愿与信任行为正相关；

*H*4c：范畴差异与信任意愿负相关；

*H*4d：范畴差异与信任行为负相关。

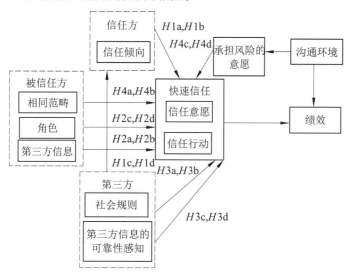

图 6.1  人道物流中快速信任的概念模型

## 6.2  研究设计及方法

### 6.2.1  变量的选择与测量指标

根据文献综述的研究，结合图 6.1 所示的概念模型，选取不同的测量指标对人道物流快速成形网络中快速信任的各维度变量进行描述。本书尽量借鉴国内外研究信任时采用过的测量指标，结合人道物流快速成形网络的背景对变量进行选取。

对于信任倾向的测量，是借鉴 Mcknight 的研究，其研究中将信任倾向分为对人性的信心和信任立场，分别采用了 3 个测量指标[33]。对于与被信任方相关的影响因素的测量，主要借鉴 Koufaris，Hampton-Sosa 和李燕的研究，选取了 6 个指标进行改编[34]。针对第三方影响因素的测量，主要借鉴李沁芳的研究，编制了 7 个测量指标[35]。针对关系特征的影响因素的测量，主要借鉴杨欢欢、徐雷的研究，编制了 5 个变量[36] [37]。对于信任信念的测量，主要借鉴 Genasam（1994）、Gefen（2002）和 Pavlou（2002）的研究，编制了 3 个测量指标[38-40]。对于信任意向的测量，主要借鉴 Mcknight（2002）的研究编制了 3 个变量[33]。综上，图 6.1 所示的概念模型中各影响因素及其测量指标如表 6-1 所示。

在变量的测量方式上，5 级量表是最可靠的，如果超过 5 级，一般填写问卷的人没有足够的分辨力。所以本书采用 Likert 的 5 级量表的形式对变量进行测量："1"表示完全不同意，"2"表示基本不同意，"3"表示不确定，"4"表示基本同意，"5"表示完全同意。

表 6-1　影响因素及其测量指标

| 对象 | 因素 | 测量指标 | 序号 | 来源 |
|---|---|---|---|---|
| 信任方 | 信任倾向 | 1. 大部分参与救援的人都是信守诺言的 | $X1$ | Mcknight（2002）改编 |
| | | 2. 大部分参与救援的人都心系灾区群众 | $X2$ | |
| | | 3. 大部分参与救援的人都愿意为灾区奉献 | $X3$ | |
| | | 4. 相信所有参与救援的人，除非有证据证明他不可信 | $X4$ | |
| | | 5. 我相信所有人都不会利用机会主义获得利益 | $X5$ | |
| | | 6. 在参与救援中，通常以诚待人 | $X6$ | |
| 被信任方 | 角色 | 1. 持有专业资格证的人更值得信任 | $X11$ | 李燕（2009）改编 |
| | | 2. 组织内所有成员分工明确 | $X12$ | |

| 对象 | 因素 | 测量指标 | 序号 | 来源 |
|---|---|---|---|---|
| 被信任 | 第三方信息 | 1. 大部分人在救援的开始阶段会依赖第三方提供的信息 | X7 | Koufari, Hampton Sosa (2004) 改编 |
| | | 2. 具有知名度的组织，其责任感强 | X8 | |
| | | 3. 在救援过程中更相信声誉好的组织或个人 | X9 | |
| | | 4. 有救援经历的组织都是可信的 | X10 | |
| | 范畴 | 1. 地域和文化差异容易导致沟通障碍 | X23 | 徐雷 (2007) 改编 |
| | | 2. 价值观差异容易引起冲突行为 | X24 | |
| 第三方 | 社会规则 | 1. 相关的应急救援法律和制度能有效地保障双方的权利和义务 | X13 | 李沁芳 (2007) 改编 |
| | | 2. 相关的法律和制度能有效地减少机会主义行为 | X14 | |
| | | 3. 相应的规则能有效地保证合作的可靠性 | X15 | |
| | | 4. 组织都是按规则办事的 | X16 | |
| | 第三方信息的可靠性感知 | 1. 提供第三方信息的机构是通过权威认证的 | X17 | |
| | | 2. 提供第三方信息的组织是您曾经合作愉快的组织 | X18 | |
| | | 3. 第三方信息有一定的推荐作用 | X19 | |
| | 承担风险的意愿 | 1. 组织间的资源互补性较高，愿意与对方分享救灾资源 | X20 | 杨欢欢 (2008)、改编 |
| | | 2. 救援环境的不确定性会增加组织间的依赖 | X21 | |
| | | 3. 救援成员敢于承担风险，承担责任，对救援是有利的 | X22 | |
| 快速信任 | 信任意愿 | 1. 相信救援过程中出现冲突时，对方会愿意做出让步 | X25 | Genasam (1994)、Gefen (2002) 和 Pavlou (2002) 改编 |
| | | 2. 相信通过合作可以顺利完成救援 | X26 | |
| | | 3. 相信对方都很关心受灾群众 | X27 | |
| | 信任行为 | 1. 愿意与对方合作 | X28 | Mcknight (2002) 改编 |
| | | 2. 愿意向对方提供自己的信息 | X29 | |
| | | 3. 愿意相信第三方提供的信息 | X30 | |

## 6.2.2 结构方程模型

结构方程模型（Structural Equation Modeling）是一种综合运用多元回归分析、路径分析（Path Analysis）和确定型因子分析方法（Confirmatory Factor Analysis，CFA）而形成的一种统计数据分析工具。

在结构方程建模中，从可测性的角度来分，变量可分为显变量（Manifest Variable）和潜变量（Latent Variable）；从变量生成的角度来分，变量又可分为外生变量（Exogenous Variable）和内生变量（Endogenous Variable）。显变量是可以直接观察并测量的变量，在因子分析中也称为指标（Indicator）；潜变量是不能直接观察的变量，其可以通过显变量间接测量出来。显变量和潜变量的关系可以通过测量方程表示，潜变量之间的关系可以通过结构方程表示。

（1）测量模型与结构方程

测量模型是指标与潜变量（如信任倾向与我认为大多数人都是信守诺言的）之间的关系，方程形式（6-1）、（6-2）如下所示：

$$x = A_x\xi + \delta \tag{6-1}$$

$$y = B_y\eta + \varepsilon \tag{6-2}$$

其中：

$x$：外生变量组成的向量；

$y$：内生变量组成的向量；

$A_x$：外生变量与外生潜变量之间的关系，是外生变量在外生潜变量上的因子载荷矩阵；

$B_y$：内生指标与内生潜变量之间的关系，是内生指标在内生潜变量上的因子负荷矩阵；

$\eta$：内存潜变量组成的向量；

$\xi$：外生潜变量组成的向量；

$\delta$：外生变量 $x$ 的误差项；

$\varepsilon$：内生变量 $y$ 的误差项。

结构方程是表示潜变量与潜变量（信任意愿与信任行动）之间关系的方程组，形式如（6-3）所示：

$$\eta = C\eta + \Gamma\xi + \zeta \tag{6-3}$$

其中：

$C$：内生潜变量之间的关系；

$\Gamma$：外生潜变量对内生潜变量的影响；

$\xi$：结构方程的残差项，反映了在方程中未被解释的部分。

根据测量方程、结构方程及一些研究假设，通过一种迭代求解，可以计算出结构方程模型中的各个参数。结构方程建模的迭代步骤主要包括：模型设定（Model Specification），模型识别（Model Identification），模型估计（Model Estimation），模型评价（Model Evaluation）和模型修正（Model Modification）。本章将采用 AMOS17.0 进行分析。

（2）拟合度指标

模型评价的核心内容是模型的拟合度检验。模型的拟合度指标是通过模型分析得到的，用以检验和评估模型的拟合程度，模型的拟合度越高表示模型的可用性越高。AMOS 是以卡方值（$\chi^2$）来对模型进行检验的，但 $\chi^2$ 容易受样本大小的影响。因此进行模型拟合度评估时还需要考察其他拟合度指标。常见的拟合度指标分为：绝对拟合度指标和增值拟合度指标。

*a*. 绝对拟合度指标

$\chi^2$ 值：$\chi^2$ 值是最基本的测量指标，其值越小，模型与数据的拟合程度就越好。但是有学者曾在研究中发现 $\chi^2$ 值对样本数大小的敏感性较大，一方面，如果样本数太小，分析的结果就不具有代表性，同时也容易使得 $\chi^2$ 值不显著，从而导致研究者对于模型及研究假设做出错误的判断。另一方面，一旦样本数过大，又容易使得 $\chi^2$ 值变大且达到显著水准，从而导致研究者产生误判。因此评价模型的拟合度，需要参照多种指标来做判断。

卡方自由度比值（$\chi^2/df$）：$\chi^2$ 与其自由度的比值越小表示模型的协方差矩阵与数据的拟合程度越好。一般地，卡方自由度比值越小越好，当该比值小于 1.0 时，表示模型过度适配；当该比值大于 3.0 时表明模型拟合度不佳，模型需要修正。因此大多数学者认为该比值不大于 3.0 时，模型拟合度可以接受。

均方根残差（Standardized Root Mean Square Residual，RMR）：RMR 值即为适配残差方差协方差的平均值的平方根，常常用于计算观察值与估计值之间的差异。其值越小，模型的拟合度越好，一般地 RMR 值不大于 0.05 时，模型的拟合度可以接受。

近似均方根残差（Root Mean Square Error of Approximation，RMSEA）：RMSEA 为渐进残差均方和平方根，也用于计算观察值与估算值之间的差异。当 RMSEA 为 0 时，模型拟合度最好。当 RMSEA 值大于 1 时，模型拟合度欠佳；当 0.8<RMSEA<1.0 时，模型拟合度可以接受；当 0.5<RMSEA<0.8 时，模型拟合度合理；当 0<RMSEA<0.5 时，模型拟合度较好。

增值拟合度指标拟合优度指数（Goodness-of-fit index，GFI）：GFI 值是介于 0~1 之间，GFI 值越接近 1，表示越能解释变异量，且模型的拟合度越好；反之，若 GFI 值越接近 0，则表示此模型解释变量的能力越低，其模型拟合度越差。一般地以 GFI 值大于 0.9 为判断标准，但也有学者认为 GFI 值大于 0.8 即可接受。

调整后拟合优度指数（Adjusted Goodness-of-fit index，AGFI）：AGFI 值是通过将 GFI 值以自由度及相对的变量个数的比值加以调整而得到的，一般地 GFI 值越大，AGFI 值越大，但 AGFI 值是小于 GFI 值的即可得到更为稳定的 AGFI 指标，一般认为其值应大于 0.8。

基准化拟合度指标（Normed Fit Index，NFI）：其值越大表明模型与数据的拟合度越好，一般认为 NFI 的值不小于 0.9。

比较拟合度指标（Comparative Fit Index，CFI）：CFI 值是通过将 NFI 加以修改而得到的，相比 NFI 具备了更稳定的特性。当 CFI 等于 1 时表示数据与模型完全拟合。一般认为 CFI 值应该不小于 0.9。

# 6.3 数据分析

## 6.3.1 调查对象基本情况统计分析

本次调研的对象主要包括政府组织、军队、志愿者等非政府组织及企业。调研问卷发出 650 份，回收 228 份。剔除其中 26 份无效问卷（没有填写完整或明显不符合实际的问卷）后，共得到有效问卷 202 份。本问卷调查对象的基本情况如表 6-2 所示，其中在性别方面：男性受访者占 60.4%，女性受访者占 39.6%，男性的比例远高于女性，这与灾难救援的实际情况是相符的，因为在灾难救援的紧急阶段需要消耗大量的体力，这项"能力"，男性明显强于女性。从救灾经历方面来看：有救灾经验的占 80.1%，远远大于没有救灾经验的比例，这表明调查对象大部分很可能与其他组织有过合作，这将有利于人道物流快速成形网络中快速信任的研究。从调查对象所在组织类型来看，志愿者组织所占比例最大，这说明参与本问卷调查的对象以志愿者组织居多。从年龄方面来看：25~40 岁占多数，比例达到61.9%，这与在救灾过程中参与者多为中青壮年相关，同时也与本次问卷调查中调查对象以志愿者组织居多相符。

## 6.3.2　测量指标的描述性统计

测量指标的描述性统计可以产生相关的描述性统计量，如：均值、极小值、极大值、方差、标准差等，而通过这些描述性统计量，可以对变量的综合特征进行全面的了解。本书对问卷的各测量指标进行描述统计如表6-3 所示，其中包括各测量指标的样本量、极小值、极大值、均值和标准差。

表 6-2　调查对象的基本情况

| 样本的基本情况 | | 频率 | 所占比例 |
|---|---|---|---|
| 性别 | 男 | 122 | 60.4% |
| | 女 | 80 | 39.6% |
| 是否参与过救灾 | 是 | 182 | 80.1% |
| | 否 | 20 | 9.9% |
| 所在组织类型 | 政府 | 28 | 11.8% |
| | 军队 | 23 | 11.4% |
| | 企业 | 47 | 23.3% |
| | 志愿者组织 | 104 | 51.5% |
| 年龄 | 18-24 | 35 | 17.3% |
| | 25-40 | 126 | 61.9% |
| | 40 以上 | 42 | 20.8% |

表 6-3　各测量指标的描述性统计

| | N | 极小值 | 极大值 | 均值 | 标准差 |
|---|---|---|---|---|---|
| 信任倾向 1 | 202 | 1 | 5 | 3.89 | 1.367 |
| 信任倾向 2 | 202 | 1 | 5 | 3.94 | 1.341 |
| 信任倾向 3 | 202 | 1 | 5 | 3.09 | 1.381 |
| 信任倾向 4 | 202 | 1 | 5 | 3.08 | 1.269 |
| 信任倾向 5 | 202 | 1 | 5 | 2.88 | 1.312 |
| 信任倾向 6 | 202 | 1 | 5 | 3.94 | 1.335 |
| 第三方信息 1 | 202 | 1 | 5 | 3.80 | 1.425 |
| 第三方信息 2 | 202 | 3 | 5 | 3.81 | 1.427 |
| 第三方信息 3 | 202 | 1 | 5 | 3.88 | 1.331 |
| 第三方信息 4 | 202 | 1 | 5 | 3.81 | 1.307 |
| 角色 1 | 202 | 1 | 5 | 3.11 | 1.324 |
| 角色 2 | 202 | 1 | 5 | 3.70 | 1.379 |
| 社会规则 1 | 202 | 1 | 5 | 3.97 | 1.182 |
| 社会规则 2 | 202 | 1 | 5 | 2.96 | .961 |
| 社会规则 3 | 202 | 1 | 4 | 3.09 | 1.307 |
| 社会规则 4 | 202 | 1 | 5 | 3.08 | 1.277 |
| 第三方信息的可靠性感知 1 | 202 | 1 | 5 | 2.97 | 1.327 |
| 第三方信息的可靠性感知 2 | 202 | 1 | 5 | 3.06 | 1.278 |
| 第三方信息的可靠性感知 3 | 202 | 2 | 5 | 3.96 | 1.143 |
| 承担风险的意愿 1 | 202 | 1 | 5 | 3.43 | 1.303 |
| 承担风险的意愿 2 | 202 | 1 | 5 | 3.76 | 1.271 |
| 承担风险的意愿 3 | 202 | 1 | 5 | 3.75 | 1.241 |
| 范畴差异 1 | 202 | 1 | 5 | 3.38 | 1.296 |
| 范畴差异 2 | 202 | 1 | 5 | 3.75 | 1.245 |
| 信任意愿 1 | 202 | 1 | 5 | 3.33 | 1.270 |
| 信任意愿 2 | 202 | 1 | 5 | 3.92 | 1.169 |
| 信任意愿 3 | 202 | 1 | 5 | 3.39 | 1.289 |
| 信任行动 1 | 202 | 1 | 5 | 3.14 | 1.242 |
| 信任行动 2 | 202 | 1 | 5 | 3.13 | 1.241 |
| 信任行动 3 | 202 | 1 | 5 | 3.03 | 1.267 |
| 有效的 N（列表状态） | 202 | | | | |

### 6.3.3 信度分析

信度（Reliability）即可靠性，是指测量结果的内部一致性程度，信度分析通常用来评价问卷的内部一致性程度。由于本问卷涉及心理学概念相关的测量指标（如信任倾向、信任信念等），因此在进行数据分析前，为保证测量的质量，对测量指标进行信度分析是十分必要的。信度分析有以下几种测量工具：内部一致性信度（a信度系数）、再测信度、复本信度和折半信度法，其中 a 信度系数是最常用的方法。综上分析，本章将对来自人道物流快速成形网络中各参与方及其关系特征的影响因素的测量指标分别进行描述统计分析及 a 信度系数分析。

（1）与信任方相关的各测量指标的信度分析。

与信任方与信任方相关的各测量指标的信度，如表 6-4 所示。

表 6-4　与信任方相关的各测量指标的信度

| | 项已删除的刻度均值 | 项已删除的刻度方差 | 校正的项总计相关性（CITC） | 项已删除的a值 | 整体a信度系数 |
|---|---|---|---|---|---|
| 信任倾向 $X1$ | 16.93 | 20.264 | 0.842 | 0.706 | |
| 信任倾向 $X2$ | 16.88 | 20.254 | 0.865 | 0.701 | |
| 信任倾向 $X3$ | 17.73 | 24.677 | 0.431 | 0.805 | a=0.805 |
| 信任倾向 $X4$ | 17.74 | 29.777 | 0.080 | 0.869 | |
| 信任倾向 $X5$ | 17.95 | 25.385 | 0.408 | 0.809 | |
| 信任倾向 $X6$ | 16.89 | 20.310 | 0.865 | 0.702 | |

由表 6-4 可知，信任倾向变量的第 4 和第 5 个指标均大于整体的 a 信度系数，但第 5 个指标的 a 信度系数不明显大于整体 a 信度系数，且其 CITC 大于 0.3，因此只删除 4 个指标再进行信度分析发现虽然整体 a 信度系数明显提高，但是第 5 个指标的 a 信度系数还是大于整体 a 信度系数，如表 6-5 所示。信任倾向变量的第 4 和 5 个指标应同时删除，且删除后的 a 信度系数明显增大。同时，删除后信任倾向变量的其他指标的 a 信度系数均大于 0.8，因此剩余的测量指标信度较高。

表 6-5　与信任方相关的各测量指标修正后信度

| | 校正的项总计相关性（CITC1） | 校正的项总计相关性（CITC2） | 项已删除的 a 值 | 项已删除的 a 值 | 整体 a 信度系数 |
|---|---|---|---|---|---|
| 信任倾向 X1 | 0.894 | 0.897 | 0.789 | 0.806 | |
| 信任倾向 X2 | 0.919 | 0.936 | 0.783 | 0.833 | $a_1$=0.834 $a_2$=0.869 |
| 信任倾向 X3 | 0.439 | 0.943 | 0.802 | 0.821 | |
| 信任倾向 X5 | 0.280 | 删除 | 0.911 | 删除 | |
| 信任倾向 X6 | 0.914 | 0.852 | 0.785 | 0.804 | |

（2）与被信任方各相关测量指标的信度分析。

与被信任方各相关测量指标的信度，如下表 6-6 所示。

表 6-6　与被信任方相关的各测量指标信度

| | 项已删除的刻度均值 | 项已删除的刻度方差铉 | 校正的项总计相关性（CITC） | 项已删除的 a 值 | 整体 a 信度系数 |
|---|---|---|---|---|---|
| 第三方信息 X7 | 18.31 | 24.214 | 0.673 | 0.777 | |
| 第三方信息 X8 | 18.30 | 24.162 | 0.676 | 0.776 | |
| 第三方信息 X9 | 18.23 | 25.155 | 0.656 | 0.781 | |
| 第三方信息 X10 | 19.00 | 29.398 | 0.315 | 0.848 | |
| 角色 X11 | 18.30 | 25.665 | 0.627 | 0.788 | a=0.823 |
| 角色 X12 | 18.41 | 25.327 | 0.609 | 0.791 | |
| 范畴差异 X23 | 14.69 | 16.861 | 0.598 | 0.827 | |
| 范畴差异 X24 | 14.32 | 16.150 | 0.720 | 0.794 | |

由表 6-6 可知，声誉变量的第 4 个指标的 a 信度系数大于整体的 a 信度系数且 CITC 小于 0.3，因此删除声誉变量的第 4 个指标，再进行信度分析，如表 6.7 所示。声誉变量的第 4 个测量指标删除后，整体的 a 信度系数得到明显提升，且与被信任方相关的其他测量变量的 a 信度系数均大于 0.8，

因此剩余的测量指标具有较高的信度。

表 6-7　与被信任方相关的各测量指标修正后信度

| | 校正的项总计相关性（CITC1） | 校正的项总计相关性（CITC2） | 项已删除的a1值 | 项已删除的a值 | 整体a信度系数 |
|---|---|---|---|---|---|
| 第三方信息 $X7$ | 0.673 | 0.693 | 0.777 | 0.807 | |
| 第三方信息 $X8$ | 0.676 | 0.693 | 0.776 | 0.807 | $a_1$=0.823 |
| 第三方信息 $X9$ | 0.656 | 0.661 | 0.781 | 0.816 | $a_2$=0.848 |
| 第三方信息 $X10$ | 0.315 | 删除 | 0.848 | 删除 | |
| 角色清晰度 $X11$ | 0.627 | 0.640 | 0.788 | 0.822 | |
| 角色清晰度 $X12$ | 0.609 | 0.600 | 0.791 | 0.832 | |
| 范畴差异 $X23$ | 0.79 | 0.661 | 0.798 | 0.727 | |
| 范畴差异 $X24$ | 0.52 | 0.650 | 0.620 | 0.894 | |

（3）与第三方相关的测量指标信度分析。

表 6-8　与第三方相关的各测量指标信度

| | 项已删除的刻度均值 | 项已删除的刻度方差铋 | 校正的项总计相关性（CITC） | 项已删除的a值 | 整体a信度系数 |
|---|---|---|---|---|---|
| 社会规则 $X13$ | 20.05 | 21.749 | 0.568 | 0.737 | |
| 社会规则 $X14$ | 20.13 | 20.332 | 0.692 | 0.709 | |
| 社会规则 $X15$ | 20.24 | 21.588 | 0.534 | 0.745 | |
| 社会规则 $X16$ | 20.15 | 20.326 | 0.692 | 0.709 | $a$=0.779 |
| 第三方信息的可靠性感知 $X17$ | 19.25 | 24.535 | 0.341 | 0.772 | |
| 第三方信息的可靠性感知 $X18$ | 19.26 | 23.904 | 0.422 | 0.766 | |
| 第三方信息的可靠性感知 $X19$ | 18.41 | 25.327 | 0.609 | 0.791 | |

由表 6-8 可知，第三方信息的可靠性感知变量的第 3 个指标的 a 信度系数大于整体的 a 信度系数且 CITC 小于 0.3，因此删除其第 3 个指标，再进行信度分析，如图 6-9 所示。第三方信息的可靠性感知变量的第 3 个测

量指标删除后，整体的 a 信度系数得到明显提升，且第三方的其他测量变量的 a 信度系数均大于 0.7，因此剩余的测量指标的信度可以被接受。

表6-9　与第三方相关的各测量指标修正后信度

| | 校正的项总计相关性（CITC1） | 校正的项总计相关性（CITC2） | 项已删除的a1值 | 项已删除的a值 | 整体a信度系数 |
|---|---|---|---|---|---|
| 社会规则 X13 | 0.568 | 0.549 | 0.737 | 0.756 | |
| 社会规则 X14 | 0.692 | 0.700 | 0.709 | 0.717 | |
| 社会规则 X15 | 0.534 | 0.514 | 0.745 | 0.765 | $a_1$=0.779 $a_2$=0.790 |
| 社会规则 X16 | 0.692 | 0.704 | 0.709 | 0.716 | |
| 第三方信息的可靠性感知 X17 | 0.341 | 0.354 | 0.772 | 0.787 | |
| 第三方信息的可靠性感知 X18 | 0.422 | 0.435 | 0.766 | 0.781 | |
| 第三方信息的可靠性感知 X19 | 0.246 | 删除 | 0.790 | 删除 | |

（4）承担风险的意愿的测量指标信度分析。

承担风险的意愿的测量指标信度，如表6-10所示。

表6-10　承担风险的意愿测量指标信度

| | 项已删除的刻度均值 | 项已删除的刻度方差铉 | 校正的项总计相关性（CITC） | 项已删除的a值 | 整体a信度系数 |
|---|---|---|---|---|---|
| 承担风险的意愿 X20 | 14.65 | 16.926 | 0.586 | 0.830 | |
| 承担风险的意愿 X21 | 14.31 | 16.703 | 0.634 | 0.817 | a=0.844 |
| 承担风险的意愿 X22 | 14.32 | 16.160 | 0.722 | 0.793 | |

由表 6-10 可知，关系特征的测量指标的 a 信度系数均在 0.8 左右且 CITC 均大于 0.3，因此关系特征的测量指标信度较高。

（5）快速信任的测量指标信度分析。

快速信任的测量指标信度，如表6-11所示。

表 6-11　快速信任的测量指标信度

| | 项已删除的刻度均值 | 项已删除的刻度方差铉 | 校正的项总计相关性 | 项已删除的 a 值 | 整体 a 信度系数 |
|---|---|---|---|---|---|
| 信任意愿 $X25$ | 16.62 | 19.849 | 0.533 | 0.764 | |
| 信任意愿 $X26$ | 16.02 | 22.591 | 0.318 | 0.809 | |
| 信任意愿 $X27$ | 16.55 | 19.850 | 0.521 | 0.767 | a=0.793 |
| 信任行动 $X28$ | 16.81 | 18.525 | 0.695 | 0.724 | |
| 信任行动 $X29$ | 16.81 | 18.492 | 0.699 | 0.723 | |
| 信任行动 $X30$ | 16.91 | 20.002 | 0.519 | 0.767 | |

由表 6-11 可知，信任意愿变量的第 2 个指标的 a 信度系数大于整体的 a 信度系数且 CITC 小于 0.3，因此删除其第 2 个指标，再进行信度分析，如表 6-12 所示。信任意愿变量的第 2 个测量指标删除后，整体的 a 信度系数得到明显提升，且快速信任的其他测量变量的 a 信度系数均大于 0.7，还有部分 a 信度系数在 0.8 左右，因此剩余的测量指标的信度可以被接受。

表 6-12　快速信任的测量指标信度

| | 校正的项总计相关性（CITC1） | 校正的项总计相关性（CITC2） | 项已删除的 a 值 | 项已删除的 a 值 | 整体 a 信度系数 |
|---|---|---|---|---|---|
| 信任意愿 $X25$ | 0.545 | 0.545 | 0.764 | 0.788 | |
| 信任意愿 $X26$ | 0.318 | 0.526 | 0.809 | 删除 | |
| 信任意愿 $X27$ | 0.526 | 0.714 | 0.767 | 0.794 | $a_1$=0.793 |
| 信任行动 $X28$ | 0.714 | 0.717 | 0.724 | 0.736 | $a_2$=0.809 |
| 信任行动 $X29$ | 0.717 | 0.493 | 0.723 | 0.735 | |
| 信任行动 $X30$ | 0.493 | 0.545 | 0.767 | 0.803 | |

## 6.3.4　效度分析

效度（Validity）即有效性，从统计学角度来看，它是指测量结果与某种外部标准（校标）的相关程度，相关程度越高，则表明测量结果越有效。根据不同的研究目的，效度分析有多种方法，常用的方法有内容效度、校标关联效度、结构效度等。结构效度即测量的有效程度，是指测量工具能测量理论概念或测量特质的程度。因子分析常用于结构效度的测量。通过因子分析可以判断调查问卷的因子是否需要增减，同时还可以检验是否需要调整各因子的测量条款。在进行因子分析前，需要通过 KMO（Kaiser-Meyer-Olkin）来判断调查问卷的测量指标是否适合进行因子分析。KMO 值越大，变量指标间的共同因素越多，就越适合进行因素分析。根据学者 Kaiser（1974）的观点，如果 KMO 的值小于 0.5 时，不宜进行因子分析。此外，当巴特莱特球体检验（Bartlett's Test）的卡方值显著时，则表示样本的相关矩阵间存在共同因素，适合进行因素分析[68]。综上，本书将分别从信任方、被信任方、第三方出发，对人道物流快速成形网络中影响快速信任的因素变量：信任倾向、相同范畴、角色、第三方信息、社会规则、第三方信息的可靠性感知、承担风险的意愿及信任意愿和信任行动，进行因子分析。

（1）信任方特征各测量指标的因子分析。

首先用 SPSS17.0 对信任方特征的测量指标进行 KMO 检测，其检测结构如表 6-13 所示。其中 KMO 值为 0.803>0.8，因此较适合进行探索性因子分析。对其剩余 4 个测量指标进行因子提取，以特征根大于 1 为提取准则只得到 1 个因子（即信任倾向），其成份矩阵如表 6-14 所示。由表 6-14 可知，各测量指标的因子负荷均大于 0.5，这表明信任方的信任倾向因子的结构效度良好，可以进行结构模型分析。

表 6-13　KMO 和 Bartlett 的检验

| 取样足够度的 Kaiser-Meyer-Olkin 度量 | | 0.803 |
|---|---|---|
| Bartlett 的球形度检验 | 近似卡方 | 1251.021 |
| | df | 6 |
| | Sig. | 0.000 |

表 6-14　信任方特征因子载荷矩阵 a

| | 成　份 |
|---|---|
| | 1 |
| 信任倾向 $X2$ | 0.981 |
| 信任倾向 $X6$ | 0.978 |
| 信任倾向 $X1$ | 0.964 |
| 信任倾向 $X3$ | 0.626 |

（2）被信任方特征各测量指标的因子分析。

对被信任方特征的测量指标进行 KOM 检测，分别包含 3 个、2 个和 2 个测量指标，其检测结构如表 6-15 所示。其中 KMO 值为 0.736>0.7，因此适合进行探索性因子分析。对这 7 个测量指标进行因子提取，以特征根大于 1 为提取准则得到 3 个因子（即第三方信息、角色和范畴差异），其旋转成份矩阵如表 6-16 所示，其中各因子的指标均大于 0.5，这表明被信任方特征的声誉和角色清晰度的因子结构效度良好，可以进行结构模型分析。

表 6-15　KMO 和 Bartlett 的检验

| 取样足够度的 Kaiser-Meyer-Olkin 度量 | | 0.736 |
|---|---|---|
| Bartlett 的球形度检验 | 近似卡方 | 1157.471 |
| | df | 21 |
| | Sig. | 0.000 |

表 6-16　被信任方特征的因子载荷矩阵 a

| | 成　份 | |
|---|---|---|
| | 1 | 2 |
| 第三方信息 $X7$ | 0.915 | 0.121 |
| 第三方信息 $X8$ | 0.893 | 0.093 |
| 第三方信息 $X9$ | 0.630 | 0.475 |
| 角色 $X11$ | 0.166 | 0.915 |
| 角色 $X12$ | 0.137 | 0.907 |
| 范畴差异 $X22$ | 0.183 | 0.949 |
| 范畴差异 $X23$ | 0.194 | 0.949 |

（3）第三方各测量指标的因子分析。

对第三方的测量指标进行 KOM 检测，分别包含 4 个和 2 个测量指标，其检测结构如表 6-17 所示。其中 KMO 值为 0.645>0.6，因此进行探索性因子分析是可以被接受的。对这 6 个测量指标进行因子提取，以特征根大于 1 为提取准则得到 2 个因子（即社会规则和第三方信息的可靠性感知），其旋转成份矩阵如表 6-18 所示，其中各因子的指标均大于 0.5，这表明第三方的社会规则和第三方信息的可靠性感知的因子结构效度良好，可以进行结构模型分析。

表 6-17  KMO 和 Bartlett 的检验

| 取样足够度的 Kaiser-Meyer-Olkin 度量 | | 0.645 |
|---|---|---|
| Bartlett 的球形度检验 | 近似卡方 | 114.756 |
| | df | 21 |
| | Sig. | 0.000 |

表 6-18  第三方的因子载荷矩阵 a

| | 成　份 | |
|---|---|---|
| | 1 | 2 |
| 社会规则 $X13$ | 0.915 | 0.090 |
| 社会规则 $X14$ | 0.907 | 0.112 |
| 社会规则 $X15$ | 0.755 | 0.026 |
| 社会规则 $X16$ | 0.722 | 0.138 |
| 第三方信息的可靠性感知 $X17$ | 0.062 | 0.953 |
| 第三方信息的可靠性感知 $X18$ | 0.145 | 0.943 |

（4）承担风险的意愿测量指标的因子分析。

对承担风险的意愿测量指标进行 KOM 检测，包含 3 个测量指标，其检测结构如表 6-19 所示。其中 KMO 值为 0.642>0.6，因此进行探索性因子分析是可以被接受的。对这 3 个测量指标进行因子提取，以特征根大于 1 为提取准则得到 1 个因子（即承担风险的意愿），其旋转成份矩阵如表 6-20 所示，其中各因子的指标均大于 0.5，这表明承担风险的意愿的结构效度良好，可以进行结构模型分析。

表 6-19  KMO 和 Bartlett 的检验

| 取样足够度的 Kaiser-Meyer-Olkin 度量 | | 0.642 |
|---|---|---|
| Bartlett 的球形度检验 | 近似卡方 | 189.304 |
| | df | 10 |
| | Sig. | 0.000 |

表 6-20 关系特征的因子载荷矩阵 a

|  | 成 份 | |
| --- | --- | --- |
|  | 1 | 2 |
| 承担风险的意愿 $X20$ | 0.966 | 0.137 |
| 承担风险的意愿 $X21$ | 0.965 | 0.136 |
| 承担风险的意愿 $X22$ | 0.758 | 0.288 |

（5）快速信任各测量指标的因子分析。

对快速信任的测量指标进行 KOM 检测,分别包含 3 个和 3 个测量指标,其检测结构如表 6-21 所示。其中 KMO 值为 0.652>0.6,因此进行探索性因子分析是可以被接受的。对这 6 个测量指标进行因子提取,以特征根大于 1 为提取准则得到 2 个因子（即信任意愿和信任行动）,其旋转成份矩阵如表 6-22 所示,其中各因子的指标均大于 0.5,这表明关承担风险的意愿的结构效度良好,可以进行结构模型分析。

表 6-21 KMO 和 Bartlett 的检验

| 取样足够度的 Kaiser-Meyer-Olkin 度量 | | 0.652 |
| --- | --- | --- |
| Bartlett 的球形度检验 | 近似卡方 | 143.304 |
|  | df | 10 |
|  | Sig. | 0.000 |

表 6-22 快速信任的因子载荷矩阵 a

|  | 成 份 | |
| --- | --- | --- |
|  | 1 | 2 |
| 信任意愿 $X28$ | .969 | .170 |
| 信任意愿 $X29$ | .968 | .174 |
| 信任意愿 $X30$ | .525 | .397 |
| 信任行动 $X25$ | .168 | .881 |
| 信任行动 $X27$ | .206 | .860 |

### 6.3.5 模型验证

#### 6.3.5.1 信任方与快速信任结构关系验证

基于文献综述和研究假设，信任倾向作为一种人格特征，会影响个体信任信念和信任意向。因此在人道物流快速成形网络背景下，成员信任倾向是导致快速信任产生的重要因素。本书通过对信任方的潜变量（信任倾向）和快速信任的两个潜变量（信任意愿及信任行为）进行测量，以验证提出的假设。由于上述的信度和效度分析已将 $X4$、$X5$ 及 $X26$ 这三个观察变量删除，因此在信任方与快速信任结构模型中只考虑信任倾向、信任意愿及信任行为三个潜变量剩余的观测变量，并将其对应数据载入该模型，通过 AMOS5.0 进行验证，得到分析模型的标准化解及其拟合度指标如图 6.2 及表 6-23 所示。

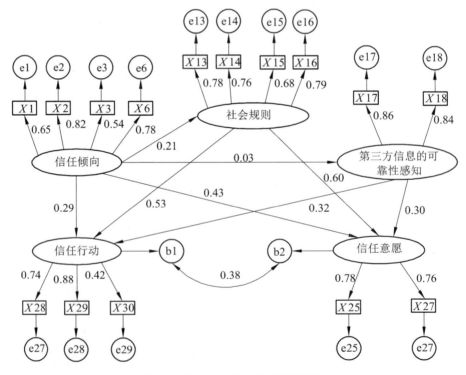

图 6.2 信任方与快速信任结构模型

表 6-23  信任方与快速信任结构模型的拟合指标

| 拟合指标 | $\chi^2$ | $df$ | $\chi^2/df$ | RMR | RMSEA | GFA | AGFI | NFI | CFI |
|---|---|---|---|---|---|---|---|---|---|
| 评价标准 | 越小越好 | — | <3 | <0.05 | <0.08 | >0.9 | >0.8 | >0.9 | >0.9 |
| 指标值 | 268.431 | 102 | 2.632 | 0.055 | 0.074 | 0.884 | 0.898 | 0.905 | 0.926 |
| 修正指标值 1 | 127.984 | 79 | 1.620 | 0.033 | 0.062 | 0.960 | 0.912 | 0.931 | 0.959 |

（1）结构模型分析。

由表 6-23 可知，增值拟合指数 NFI=0.925>0.9 与 CFI=0.960>0.9 符合评价标准，且 $\chi^2/df<3$，但是将绝对拟合指数与评价标准值的比较，发现 RMR=0.055>0.05、GFI=0.884<0.9 不在评价标准可接受的范围内，这表明问卷调查所得的样本数据与模型拟合程度欠佳。根据 AMOS 给出的两点修正意见，一是信任意愿及信任行为的残差之间存在相关关系，这与快速信任由信任意愿及信任行为构成相关；二是信任倾向不能通过第三方信息的可靠性感知影响信任意愿及信任行为。因此经过修正后，观察其修正模型的各项拟合指标均有所改善，如表 6-23 所示，因此可以接受这一修正模型。

由表 6-23 可知，信任方与快速信任结构模型给出了外生潜变量信任倾向与内生潜变量信任意愿及信任行动的因果关系，其中箭头上的数字表示了因子间的路径系数或因子负荷量。由模型中因子间的路径系数可知，信任倾向对信任意愿的影响最为显著，而对信任行动的影响相对较小。同时，信任方的信任倾向还可以通过第三方对信任意愿及信任行动产生间接影响，但信任倾向与第三方信息的可靠性感知之间的标准化路径系数仅为 0.03，这表明这条路径不合理。通过模型修正，结果表明去掉该路径是合理的。因此信任方的信任倾向只能通过第三方的社会规范对信任意愿及信任行动产生间接影响。

（2）假设检验结果。

与信任方相关的影响因素的假设检验结果，如表 6-24 所示。

表 6-24　与信任方相关的影响因素的假设检验结果

| 假　设 | Estimate | P 值 | 检验结果 |
|---|---|---|---|
| *H*1a：信任方的信任倾向与信任行动正相关 | 0.961 | ** | 假设成立 |
| *H*1b：信任方的信任倾向与信任意愿正相关 | 0.49 | ** | 假设成立 |
| *H*1c：信任方的信任倾向与社会规则的有效性感知正相关 | 0.25 | * | 假设成立 |
| *H*1d：信任方的信任倾向与第三方信息的可靠性感知正相关 | 0.033 | 0.802 | 假设不成立 |

注：**表示 $P<0.01$，*表示 $P<0.05$。

### 6.3.5.2　被信任方与快速信任的结构关系验证

虚拟团队中，组织选择合作伙伴的前提是能够对合作伙伴行为进行预测。对于几乎没有共事经历的成员而言，只能依赖对方的声誉对其行为产生预期。同时，具有多变性和动态性的快速信任是信任方对被信任方的一种预期，这种预期包含着行为预期和角色预期。此外，信任方、被信任方及第三方可能来自不同的地域或组织，因此他们有着不同的文化背景和交流方式，这影响信任的产生。因此在人道物流快速成形网络中，第三方信息、角色和范畴差异都会影响成员的信任意愿和信任行动。通过上述的信度和效度分析，X9 及 X26 这两个观察变量已删除，因此在被信任方与快速信任的结构模型中只考虑第三方信息、角色、范畴差异、信任意愿及信任行动这 5 个潜变量剩余的观测变量，并将对应的数据载入该模型，通过 AMOS7.0 进行验证，得到分析模型的标准化解及其拟合度指标如图 6.3 及表 6-25 所示。

表 6-25　被信任方与快速信任结构模型的拟合指标

| 拟合指标 | $\chi^2$ | *df* | $\chi^2/df$ | RMR | RMSEA | GFA | AGFI | NFI | CFI |
|---|---|---|---|---|---|---|---|---|---|
| 评价标准 | 越小越好 | — | <3 | <0.05 | <0.08 | >0.9 | >0.8 | >0.9 | >0.9 |
| 指标值 | 106.544 | 57 | 1.869 | 0.037 | 0.045 | 0.952 | 0.901 | 0.936 | 0.971 |

（1）结构模型分析。

由表 6-25 可知，绝对拟合度指标 RMR=0.037<0.05、RMSEA=0.045< 0.08、GFI=0.952>0.9、AGFI=0.901>0.8 均在评价标准可接受的范围内；再看增值拟

合指数与评价标准值的比较，增值拟合指数 NFI=0.936>0.9 与 CFI=0.971>0.9 也都符合评价标准；此外 $\chi^2/df<3$，表明问卷调查所得的样本数据与模型拟合程度度良好。综上可知，被信任方与快速信任的结构模型较理想。

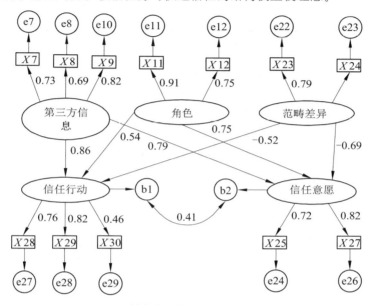

图 6.3　被信任方与快速信任结构模型

由图 6.3 可知，被信任方与快速信任结构模型给出了外生潜变量第三方信息、角色和范畴差异与内生潜变量信任意愿及信任行动的因果关系。由标准化路径系数可知，对于被信任方而言，其第三方信息对信任意愿及信任行动的影响比角色更为显著。同时，被信任的第三方信息及角色之间存在一定相关关系。其次，各方的类别差异对信任意愿及信任行动有显著的负向影响。

（2）假设检验结果。

与被信任方相关的影响因素的假设检验结果，如表 6-26 所示。

表 6-26　与被信任方相关的影响因素的假设检验结果

| 假　　设 | Estimate | P 值 | 检验结果 |
|---|---|---|---|
| *H2a*：被信任方的第三方信息与信任意愿正相关 | 0.793 | ** | 假设成立 |
| *H2b*：被信任方的第三方信息与信任行动正相关 | 0.658 | ** | 假设成立 |
| *H2c*：被信任方的角色与信任意愿正相关 | 0.352 | * | 假设成立 |

续表

| | | | |
|---|---|---|---|
| *H*2d：被信任方的角色与信任行动正相关 | 0.541 | ** | 假设成立 |
| *H*4c：范畴差异与信任意愿负相关 | -0.688 | ** | 假设成立 |
| *H*4d：范畴差异与信任行动负相关 | -0.516 | ** | 假设成立 |

注：**表示 P<0.01，*表示 P<0.05。

### 6.3.5.3 第三方与快速信任结构的关系验证

第三方的特征包括社会规则及第三方信息的可靠性感知。通常在虚拟或临时团队中成员间相对陌生，成员间的合作意愿多是基于社会规则或基于第三方信息的推荐作用而产生的。因此在人道物流快速成形网络中，社会规则及第三方信息的可靠性感知都会影响成员的信任意愿和信任行动。通过上述的信度和效度分析，*X*26 这个观察变量已删除，因此在第三方与快速信任的结构模型中，只考虑社会规则及第三方信息的可靠性感知、信任意愿及信任行动这四个潜变量剩余的观测变量，并将对应的数据载入该模型，通过 AMOS7.0 进行验证，得到分析模型的标准化解及其拟合度指标如图 6.4 及表 6-27 所示。

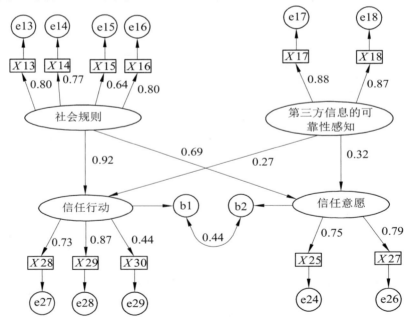

图 6.4 第三方与快速信任结构模型

表 6-27　第三方与快速信任结构模型的拟合指标

| 拟合指标 | $\chi^2$ | $df$ | $\chi^2/df$ | RMR | RMSEA | GFA | AGFI | NFI | CFI |
|---|---|---|---|---|---|---|---|---|---|
| 评价标准 | 越小越好 | — | <3 | <0.05 | <0.08 | >0.9 | >0.8 | >0.9 | >0.9 |
| 指标值 | 117.932 | 65 | 1.807 | 0.035 | 0.041 | 0.959 | 0.913 | 0.926 | 0.962 |

（1）结构模型分析。

由表 6-27 可知，绝对拟合度指标 RMR=0.035<0.05、RMSEA=0.041<0.08、GFI=0.959>0.9、AGFI=0.913>0.8 均在评价标准可接受的范围内；再看增值拟合指数与评价标准值的比较，增值拟合指数 NFI=0.926>0.9 与 CFI=0.962>0.9 也都符合评价标准；此外 $\chi^2/df$<3，表明问卷调查所得的样本数据与模型拟合程度良好。综上可知，第三方与快速信任的结构模型较好。

由图 6.4 可知，第三方与快速信任结构模型给出了外生潜变量社会规则与内生潜变量信任意愿及信任行动的因果关系。由箭头上的标准化路径系数可知，第一，社会规则的规范与第三方信息的可靠性感知对信任意向的影响比对信任行为的影响更为显著；第二，社会规则的规范比第 3 方信息的可靠性感知对信任意愿及信任行动的影响更为显著；第三，社会规则的规范与第三方的可靠性有一定的相关关系。

（2）假设检验结果。

与第三方相关的影响因素的假设检验结果，如表 6-28 所示。

表 6-28　与第三方相关的影响因素的假设检验结果

| 假　　设 | Estimate | P 值 | 检验结果 |
|---|---|---|---|
| *H*3a：社会规则的规范与信任意愿正相关 | 0.924 | ** | 假设成立 |
| *H*3b：社会规则的规范与信任行动正相关 | 0.486 | ** | 假设成立 |
| *H*3c：第三方信息的可靠性感知与信任意愿正相关 | 0.319 | ** | 假设成立 |
| *H*3d：第三方信息的可靠性感知与信任行动正相关 | 0.706 | ** | 假设成立 |

注：**表示 P<0.01，*表示 P<0.05。

#### 6.3.5.4　承担风险的意愿与快速信任结构的关系验证

在虚拟或临时团队中，信任方、被信任方及第三方之间有一定的相互依赖性而产生了承担风险的意愿，主要表现在：第一，任务的顺利完成必须要信任方与被信任方相互配合；第二，彼此陌生的信任方与被信任方，常常需要借助第三方信息来了解彼此并预测对方的可信度。此外，信任方、被信任方及第三方可能来自不同的地域或组织，因此他们有着不同的文化背景和交流方式，这影响信任的产生。因此在人道物流快速成形网络中，承担风险的意愿会影响成员的信任行为和信任意愿。通过上述的信度和效度分析，X26 这个观察变量已删除，因此将对应的数据载入关系特征与快速信任的结构模型中进行 AMOS7.0 验证，得到分析模型的标准化解及其拟合度指标如图 6.5 及表 6-29 所示。

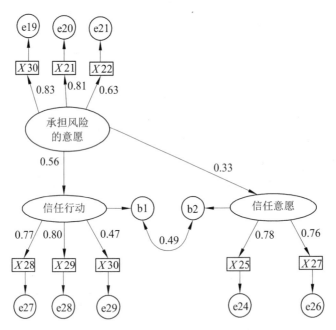

图 6.5　承担风险的意愿与快速信任结构模型

表 6-29　承担风险的意愿与快速信任结构模型的拟合指标

| 拟合指标 | $\chi^2$ | $df$ | $\chi^2/df$ | RMR | RMSEA | GFA | AGFI | NFI | CFI |
|---|---|---|---|---|---|---|---|---|---|
| 评价标准 | 越小越好 | — | <3 | <0.05 | <0.08 | >0.9 | >0.8 | >0.9 | >0.9 |
| 指标值 | 139.811 | 69 | 2.026 | 0.044 | 0.060 | 0.934 | 0.921 | 0.918 | 0.943 |

（1）结构模型分析。

由表 6-29 可知，绝对拟合度指标 RMR=0.044<0.05、RMSEA=0.060<0.08、GFI=0.934>0.9、AGFI=0.921>0.8 均在评价标准可接受的范围内；再

看增值拟合指数与评价标准值的比较，增值拟合指数 NFI=0.918>0.9 与 CFI=0.943>0.9 也都符合评价标准；此外 $\chi^2/df<3$，表明问卷调查所得的样本数据与模型拟合程度良好。综上可知，第三方与快速信任的结构模型较好。

由图 6.5 可知，承担风险的意愿与快速信任结构模型给出了外生潜变量承担风险的意愿与内生潜变量信任意愿及信任行动的因果关系。箭头上的标准化的路径系数表明：各方的承担风险的意愿对信任意愿及信任行动有正向影响，其中对信任行动的影响比对信任意愿的影响更为显著。

（2）假设检验结果。

承担风险的意愿影响因素的假设检验结果，如表 6-30 所示。

表 6-30　承担风险的意愿影响因素的假设检验结果

| 假　　设 | Estimate | P 值 | 检验结果 |
|---|---|---|---|
| H4a：承担风险的意愿与信任行动正相关 | 0.331 | * | 假设成立 |
| H4b：承担风险的意愿与信任意愿正相关 | 0.558 | ** | 假设成立 |

注：**表示 P<0.01，*表示 P<0.05。

## 6.4　研究结论探讨

模型的结果表明：本章的概念模型基本得以验证，且来自信任方、被信任方第三方的影响因素均对信任意愿和信任行动两个内生潜变量有影响。从图 6.2 可知，信任方的信任倾向对信任意愿和信任行动不仅有直接影响，还有间接影响，因此做如下假设：

对信任意愿（信任行动）的影响=直接影响+间接影响　　　　　（6-4）

间接影响=外生潜变量对中间变量的影响×中间变量对内生潜变量的影响

（6-5）

由公式（6-4）和（6-5）可计算出：信任方的信任倾向对信任意愿和信任行动的影响力分别为 0.556 和 0.403。再结合信任方与快速信任结构模型、被信任方与快速信任的结构模型、第三方与快速信任的结构模型及承担风险的意愿特征与快速信任的结构模型的结果可知，被信任方的第三方信息对信任意愿的影响最为显著，其影响力达到 0.83；此外，依次是社会规范、范畴差异、信任方的信任倾向、角色、承担风险的意愿及第三方信息的可靠性感知都对信任意愿有显著影响，其影响力依次为 0.78、−0.69、0.556、0.54、0.33 及 0.32；对于信任行动而言，被信任方的第三方信息对其影响最为显著，其影响值已达到 0.86；此外依次是社会规则、角色、承担风险的意愿和范畴差异、信任倾向及第三方信息的可靠性感知，其影响值分别为 0.82、0.75、0.56、−0.52、0.4013 及 0.36。

基于信任意愿和信任行动是快速信任的两个变量，因此假设：

影响因素对快速信任产生的影响值=对信任行动的影响值

$$+信任意愿影响值 \qquad (6-6)$$

那么人道物流快速成形网络中快速信任的影响因素的影响力如表 6-31 所示：

表 6-31　各影响因素对人道物流快速成形网络中快速信任的影响值

| 影响因素 | 影响值 | 信任信念 | 信任意向 | 快速信任 |
|---|---|---|---|---|
| 信任倾向 | 直接影响 | 0.43 | 0.29 | 0.9571 |
| | 间接影响 | 0.21×0.53 | 0.21×0.60 | |
| 第三方信息 | 直接影响 | 0.83 | 0.86 | 1.69 |
| | 间接影响 | — | — | |
| 角色清晰度 | 直接影响 | 0.54 | 0.75 | 1.29 |
| | 间接影响 | — | — | |
| 社会规则 | 直接影响 | 0.78 | 0.82 | 1.60 |
| | 间接影响 | — | — | |
| 第三方信息的可靠性感知 | 直接影响 | 0.32 | 0.36 | 0.68 |
| | 间接影响 | — | — | |
| 承担风险的意愿 | 直接影响 | 0.33 | 0.56 | 0.89 |
| | 间接影响 | — | — | |
| 范畴差异 | 直接影响 | −0.69 | −0.52 | −1.21 |
| | 间接影响 | — | — | |

其结果表明：

（1）信任倾向对快速信任的影响。

信任倾向对人道物流快速成形网络中快速信任的影响是显著的，其影响力达到 0.9571。这是因为在灾难救援过程中产生了对人性的信心，主要体现在以下四个方面：一是相信大多数人都会发挥自己的专业优势，为灾区群众奉献自己的微薄之力；二是相信大多数组织或人都会信守承诺；三是相信大多数组织和个体都心系灾区群众安危；四是参与救援的组织或个人本身是诚信、善良的。

（2）第三方信息对快速信任的影响。

第三方信息对人道物流快速成形网络中快速信任的影响最为显著，其影响力达到 1.69。在灾难的紧急救援阶段，任何单一的组织是没有足够的物流能力将救灾物资高效率地运往灾区。然而为了成功地实施救援，尽管人道物流快速成形网络中的成员几乎没有共事经历，但还是愿意选择相信声誉较高的组织。

（3）角色对快速信任的影响。

重大突发灾难发生后，大量的救援组织和志愿者会立即参与到人道物流快速成形网络中。该网络组织中成员彼此陌生，大部分救援行动都是基于对彼此角色的预期而产生的。在灾难救援中，各组织的角色分工明确及专业资格证的持有可以增加彼此角色清晰度，而角色清晰度越高，成员的行为越透明化，这将有助于陌生成员之间迅速建立信任关系。如在灾难救援中，企业或志愿者更加信任持有专业资格证的组织或个体（如红十字协会、联合国机构等）。

（4）社会规则对快速信任的影响。

社会规则作为彼此陌生的组织或个人之间信任产生的保障机制，它可以减少人道物流快速成形网络的参与者的机会主义行为，降低合作的风险，驱使组织及个人按照规则办事，因此制度（规则）的规范对人道物流快速成形网络中快速信任的产生也有着重要的影响。

（5）第三方信息的可靠性感知对快速信任的影响。

六度理论表明社会人际网络是一个小世界网络，任意两个人之间的距离是 6，因此第三方很可能是信任方或被信任方曾经的合作伙伴。人道物流快速成形网络中大部分成员间几乎没有共事经验，而他们之间快速信任的关系多是来源于第三方的推荐。

(6) 承担风险的意愿对快速信任的影响。

在灾难救援中任何一个组织都没有足够的能力独立完成救援任务，他们之间存在任务和资源甚至利益的相互依赖性。这种相互依赖性可以大大减少人道物流快速成形网络中成员的机会主义，促进人道救援快速成形网络中成员迅速产生信任，然后彼此间相互协同与合作，将救援物资在最短的时间内运往灾区，为成功的救援打下坚实的基础。

(7) 范畴差异对快速信任的影响。

组织类别的差异对人道物流快速成形网路中快速信任的产生有较为显著的负面影响。究其原因是不同类别的组织间存在文化和地域差异，这就容易造成组织间沟通和交流障碍，从而影响快速信任的产生。

# 7 人道物流快速信任的演化

信任是动态的，在不断演化的信任生命周期中，个体的信任及信任行为不仅源于其自身因素，同时也受到其他个体因素的影响，是影响因素的复合作用结果，这些因素对于系统和战略环境是敏感的。普通的信任水平是可以叠加的，下一个阶段的信任水平在上一个阶段的基础上增加或者减少。灾难救援活动在一个具有不确定性和有限理性的空间中进行，救援组织时时刻刻发生变化，每个阶段都是一个新的开始，所以只能通过分析灾难管理生命周期不同阶段下的快速信任水平来分析整个灾难救援的信任水平。

## 7.1 灾难管理与人道物流

### 7.1.1 灾难管理的生命周期

灾难管理是由四个阶段组成的一个循环流程，贯穿于整个灾难管理生命周期，从减除或预防减灾（Mitigation）、准备（Preparedness）到灾难爆发后的应急响应（Response）和灾后恢复重建阶段（Recovery），灾难管理四个阶段之间不是相互独立的，而是紧密联系和重叠的，也就是说各阶段的分界线是模糊的。图7.1所示，为灾难管理生命周期运作时间轴。

➢ 减除阶段是关于减少社会脆弱性的法律或机制，是指采用各种措施防止和减少灾难的风险，主要是关注减少或消除风险的长期措施。

➢ 准备阶段是关于在灾难爆发前期发生的各种运作。这些准备活动对于灾难应对的成功实施特别关键，这是因为要在灾前构建好物理网络、信息与通信技术系统、协同基地等。其目标是避免灾难发生后极可能出现的极严重后果。

➢ 应对阶段是关于灾难发生后立即实施的各项活动，如物资动员、救援物资的供应等。有两个主要目标：第一个目标是立即激活"静默网络"

或"临时网络"实施应对；第二个目标是尽可能在短时间内恢复基本服务，给尽可能多的灾民发送救援物资。这些运作尽可能在灾难发生后 72 小时的最佳救援"窗口时间"内完成。

➤ 恢复阶段是灾难发生后的不同运作。其目标是从长期的视角来解决问题。

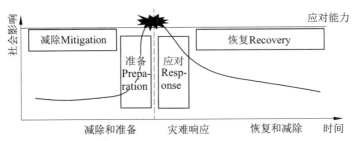

| 评估 | 救援 | |
| --- | --- | --- |
| 风险因子 | 第一阶段 | 残骸清理 |
| 脆弱性 | 医药、食物和帐篷等 | 基础设施重建 |
| 规划 | 第二阶段 | 受灾机构的重新建立 |
| 基础设施 | 安置 | 措施总结 |
| 政策 | 供应链建立 | 规划 |
| 能力建设 | 物流 | 快速响应和持续响应 |
| 预备库存 | 动员和采购物资 | 经验总结，反馈到下一个准备和 |
| 培训和教育 | 长途运输 | 响应阶段 |
| | 末端配送 | |

图 7.1  灾难管理生命周期

## 7.1.2  人道物流协同机制的演化

在整个生命周期中人道物流任务的强度是不一样的，每个阶段需要不同的协同类型。根据任务强度的不同，可以分为：上升、平稳和下降三个阶段，如图 7.2 所示。

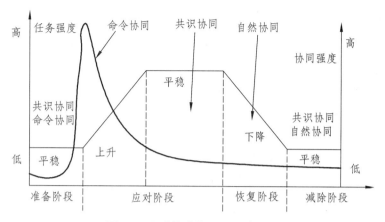

图 7.2　人道物流协同的生命周期

上升时期：处于应对阶段初期，这个阶段，时间是关键，同时要明确物流瓶颈。物流瓶颈的消除是一个非常急迫的问题，该问题关系到人道救援机构能否迅速赶赴灾区实施救援运作。瓶颈越大，受影响的机构数量则越多。命令协同方式有着执行速度快的优势，可以取得非常好的效率。在这种情况下命令协同被描述成统一的方式，资源、任务、信息、解决方案由一个单一的机构控制完成。这需要匹配任务的目标责任与参与者的职权领域责任相一致。除此之外还要获取道路通行证、通道使用区域和时间等。当参与者之间达成一致的协调后，有专门的组织统一办理相关手续，不需要每个参与者都自己去办理。

例如，2013 年"4·20"芦山地震的初期，物流瓶颈是交通拥堵，四川省公安厅交警总队对救灾车辆实行通行证制度，以保持灾区道路基本畅通。民政部门统一协调通行证，救援物资接收、中转和发放地点。这就意味着一个机构可以解决所有的相关问题，其他组织则可以将其主要精力放在核心业务上。

平稳时期：处于减除阶段、准备阶段和应对中期阶段。在此时期有一个各方都达成了共识的环境，需要签订各个救援机构都能接受的协调方案。当各个救援机构的组织架构互相兼容、通讯设备能够共享、机构间可开展联络会议，能够在任务执行前进行评估的时候，共识协同就形成了。例如，当物流瓶颈被清除以后，所有的救援组织都将精力放在了自己的专业领域上（如食品、健康、水等），并确保业务的持续运作。虽然救援组织不再需要命令协同，救援组织仍然需要一定程度的协同（如救灾物资筹集分发、志愿者使用、信息分享等）。

例如，2013 年"4·20"芦山地震救援中，形成共识协同的联合救灾协同体主要有：成都公益组织 4·20 联合救援行动，壹基金联合救灾，4·20 公益组织救灾协调平台，政府社会组织与志愿者服务中心，中国社会组织灾害应对平台等。

下降时期：处于应对末期阶段，由于该期间的任务强度下降，仅仅是不同参与者之间频繁接触，收集和传播信息，不插手具体业务，所以协同程度较低。单个救援机构主要处理工作交接和退出，在救援现场，各救援机构—自然地相互交换意见、想法、帮助和建议，这种协同就是自然协同。人道物流协同类型要匹配相对应的灾难管理生命周期，才能发挥好人道物流的救援绩效，如表 7-1 所示。

表 7-1　人道物流协同的信任与不信任

|  | 上　升 | 平　稳 | 下　降 |
|---|---|---|---|
| 命令协同 | 信任 | 不信任：需要控制的机构太多；太过关注运作实施，不能聚焦战略问题 | 不信任：任务完成缓慢；从属关系抑制了可持续发展和责任分担 |
| 共识协同 | 不信任：签订协议浪费了时间；灾难风险导致早期摩擦 | 信任 | 不信任：授权不充分；决策要考虑的事项太多 |
| 自然协同 | 不信任：角色不清晰；救援资源重复 | 不信任：角色仍然不清晰；绩效不能被统一监控 | 信任 |

## 7.2　快速信任的动态性与模糊认知图

### 7.2.1　人道物流快速信任的动态性

人道物流快速信任的形成和发展一直处于动态的过程中，因为救灾团队会接触不同的救援组织，参与救灾的主体时时刻刻发生着变化，因此，人道物流快速信任的本质属性就是动态性。快速信任形成之后，会随着所处环境以及救灾规则的变化而发生改变，从救灾活动的开始到结束也伴随着快速信任的形成和发展变化，借助演化博弈论的知识对不同的救援组织之间快速信任的演化发展进行分析，从三个方面进行了研究，分别分析人道物流的不同组织中快速信任的演化过程，为快速信任的良好维持提供理论参考。

供应链信任的合作产生机制通常都会利用传统博弈论进行分析，参与者都是理性地以收益函数为目标。而演化博弈论认为，在有限信息和特定的环境下，有限理性的经济主体或利益相关者不可能正确地知道自己的相关利害状态，因此才会有是否相信、相信的程度为多少等问题的产生。他们都只关注对自己最有利的战略，并执行下去，最终实现一个均衡状态。针对由不同的救援组织组成的复杂的救援网络来说，难免存在互惠主义者、机会主义者等主体，因此，有必要对救援主体的信任意愿等因素进行博弈分析。由于人道物流快速信任的这种特殊形式，可以根据不同组织双方的策略来平衡博弈的结果，使其快速高效地形成信任，达成一致的意见，开展高效的救援活动。

人道物流快速信任的初始信任形成之后，在救灾的活动中，在重复博弈的过程中，随着救援活动的开展、时间的推移，救援组织都是有限理性的，不同的组织之间都会对每一个阶段的利益进行分析和总结，给后续的配合起一定的参考作用，实现自己所认为的效益最大化，做出相应的改变。救援物流中各组织间的快速信任也会存在产生、发展、维持、消除等不同阶段。

## 7.2.2　模糊时间认知图概论

1736 年，Euler 基于有向图理论首次提出了认知图（Cognitive Maps，即 CM），认知图模型包含表示实体的概念节点以及它们之间的因果关系[41]。在认知图的基础上，Kosko 加入了模糊概念，从而提出模糊认知图（Fuzzy Cognitive Maps，缩写为 FCM）[42]。模糊认知图是一种三值逻辑网图，即 {-，0，+}，"+"表示概念节点之间正相关，"0"表示概念节点之间没有因果关系，"-"表示概念节点之间负相关。FCM 是一个有向图，它不仅可以直观地表达概念节点间的相互关系，还具有推理的特点，所以 FCM 的应用非常广泛，在目前的研究中，主要应用于控制系统、棋类对弈、故障检测、地理信息系统、管理决策、信任研究、社会系统分析等领域。

在一个模糊认知图中，一个连接就是一个基本单元，能储备与概念节点相关的知识。而概念节点间的逻辑关系是用连接概念节点之间的弧线表示的，弧线表示它们有一定的逻辑关系。概念节点间是相互影响的，所以当一个节点发生变化时，跟它相关联的节点也会受到影响并引起一定的变化，就形成了推理过程。

（1）相关定义。

定义 1：假设一个模糊认知图有 $n$ 个节点，那么它的结构就是一个三元序组，即 $U=(C, E, W)$，其中 $C=\{C_i, i=1, 2, \cdots, n\}$ 表示概念节点集合；$E=\{<C_i, C_j>, C_i, C_j \in C\}$ 是有向弧，能清楚地表示任意两个节点的因果关系，其中有向弧 $<C_i, C_j>$ 表示节点 $C_i$ 对节点 $C_j$ 有影响；在本章中 $U$ 表示快速信任及其影响因子的因果关系的有向图，$C$ 代表与快速信任相关的概念节点的有限集合，$E$ 代表边的有限集合。

定义 2：节点 $C_i$、$C_j$ 间的权重 $w_{ij} \in [-1, 1]$，$(i=1, 2, \cdots, n, j=1, 2, \cdots, n)$ 代表影响因素的因果关联程度。即 $w_{ij}$ 表示节点 $C_i$ 对节点 $C_j$ 的影响程度。其中：

① 当 $w_{ij}>0$ 时，表示节点 $C_i$ 的值增加节点 $C_j$ 的值也随着增加，$C_i$ 与 $C_j$ 之间存在正因果关系；

② 当 $w_{ij}=0$ 时，表示节点 $C_i$ 对节点 $C_j$ 没有影响，$C_i$ 与 $C_j$ 之间不存在因果关系；

③ 当 $w_{ij}<0$ 时，表示表示节点 $C_i$ 的值增加，节点 $C_j$ 的值反而减少，$C_i$ 与 $C_j$ 之间存在负因果关系。

设系统有概念节点 $C_1$，$C_2$，$C_3$，$C_4$，$C_5$，概念节点间的权重 $w_{ij}$，$i=1, 2, \cdots, 5, j=1, 2, \cdots, 5$（其中 $w_{12}=w_{14}=w_{15}=w_{25}=w_{34}=w_{35}=1$，$w_{23}=w_{45}=-1$），那它的 FCM 结构图如图 7.3 所示，而由 $w_{ij}$ 组成的矩阵 $E$ 即为 FCM 的关联矩阵，其中 $C_1$，$C_2$，$C_3$，$C_4$ 是输入节点，$C_5$ 为输出节点。

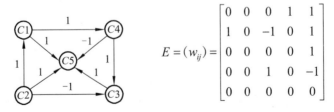

$$E=(w_{ij})=\begin{bmatrix} 0 & 0 & 0 & 1 & 1 \\ 1 & 0 & -1 & 0 & 1 \\ 0 & 0 & 0 & 0 & 1 \\ 0 & 0 & 1 & 0 & -1 \\ 0 & 0 & 0 & 0 & 0 \end{bmatrix}$$

图 7.3　FCM 结构图

定义 3：权重 $t \in [a, b]$，$0<a \leqslant b$，表示快速信任发展阶段。

但是，模糊时间认知图也有不足的地方，因为在建模的过程中对专家依赖性比较大，专家首先对概念节点进行模糊判断，再通过合适的方法将模糊值转化为数值，从而构建关系矩阵，所以说节点的状态值和关系矩阵都是由专家判断的，然后通过初始值和关系矩阵进行推理直到一个稳定的状态。

（2）FCM推理机制

由于节点间存在因果关系，输入节点的状态值发生变化时，FCM图中与其相连接的点也会发生变化。每个概念节点之间可以通过有向弧进行传递，一个概念节点发生变化，可以通过有向弧把自己的输出传递给与它有因果关系的其他节点，同时也会受到与它有因果关系的概念节点的影响。所以使得概念节点状态值一直处于更新状态，达到稳定状态为止，能够很好地对现实进行动态模拟。

在时间段 $t$ 内，每个概念节点之间的相互影响采用以下迭代公式进行计算：

$$C_j(t) = f(\sum_{k,t} C_k(t) * w_{jk}(t)) \tag{7-1}$$

其中 $C_j(t)$ 表示节点 $C_j$ 在 $t$ 阶段的节点状态值，$C_k(t)$ 表示第 $k$ 个节点的节点状态值对 $C_j(t)$ 的影响，$w_{kj}$ 表示节点 $C_j$ 和节点 $C_k$ 之间的关联强度，$f(\cdot)$ 是一个阈值函数，

$$f(\cdot) = \begin{cases} 1, \sum_{k,t} C_k(t) \times w_{jk}(t) > 0, \text{表示对} C_j \text{有正向影响} \\ 0, \sum_{k,t} C_k(t) \times w_{jk}(t) = 0, \text{表示对} C_j \text{没有影响} \\ -1, \sum_{k,t} C_k(t) \times w_{jk}(t) < 0, \text{表示对} C_j \text{有负向影响} \end{cases}$$

阈值函数不同，推理转换后输出值的范围也不同。上述四个公式显示，四个阈值函数的输出值依次分别映射到{0, 1}、{-1, 0, 1}、[0, 1]、[-1, 1]，可根据需要的范围选择合适的阈值函数。

因此，模糊认知图的推理过程就是在 $t$ 时刻输入一个状态矢量 $V(t)$，用这个状态矢量 $V(t)$ 与关联矩阵 $w_{ij}$ 相乘，然后通过变换函数 $f(x)$ 进行转换，得到 $t+1$ 时刻各概念节点的状态矢量 $V(t+1)$，将计算结果 $V(t+1)$ 作为下一次的输入，重复以上过程，直到进入最终模式。最终运行结果一般有以下三种情况：

① 固定点。多次迭代后如果最终的状态是 $V(t+1)=V(t)$，那么稳定值就是一个固定点。

② 极限环。多次迭代后如果出现，$V(0){\rightarrow}V(1){\rightarrow}\cdots{\rightarrow}V(t)$且从 $t$ 时刻开始满足：$V(t+k)=V(t)$，那么该迭代就是一个无限循环状态，一个长度为 $k$。

③ 混沌状态。如果一直迭代都没有结果，而且没有任何的规律可循，那么推理结果就处于混沌状态。

## 7.3　快速信任的 FCM 模型

### 7.3.1　FCM 模型节点的确定

在第六章中，已经通过实证研究和结构方程模型分析得到快速信任的 7 个前因条件，与快速信任共同构成了 FCM 模型节点：$C_1$ 为快速信任，$C_2$ 为第三方信息，$C_3$ 为社会规则，$C_4$ 为第三方信息的可靠性感知，$C_5$ 为承担风险的意愿，$C_6$ 为角色，$C_7$ 为相同范畴，$C_8$ 为信任倾向。

以上 7 个前因条件都与快速信任存在相互因果关系，影响因素对快速信任产生影响，影响结果可以是正也可以是负，反过来快速信任也会对影响因素产生影响，如图 7.4。图中概念节点间的因果关系用有向弧表示，有向弧起点表示"因"，终点表示"果"，"+"符号表示正因果关系，"–"表示负因果关系。

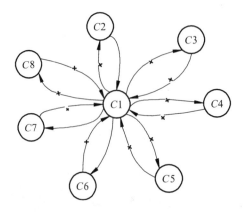

图 7.4　快速信任初始阶段的 FCM 图

## 7.3.2　FCM 模型节点间因果关系权重计算

模糊认知图的建立有两种方法：一种是人工建立，另一种是学习建立。人工建立是利用专家对该领域的知识和经验；学习建立是指利用数据通过训练获取系统的模型。在实际应用中，相关领域专家头脑中的知识很容易与模糊认知图形成映射关系，因此对一些常见问题常常使用专家法。我们采用专家分析法确定概念节点间的权重，具体步骤如下：

（1）确定概念节点间关系权重。在本书中即要确定七个影响因素与快速信任的关系强度。把因果关系强度转化为一种范围，然后用合适的方法把专家给出的所有范围转化为直观的数字，一般情况下会选择模糊法，因为能够减少各个专家的主观判断性。模糊语义变量集合 $A$={$NVS$, $NS$, $NM$, $NW$, $Z$, $PW$, $PM$, $PS$, $PVS$}，如表 7-2 所示。各语义变量对应的隶属度函数用 $\mu A(x)$ 表示，本文参照 Stylios 给出的三角隶属函数[52]，且有 $\mu A(x) \in [0, 1]$，$x$ 是各概念节点间连接权值，论域可设为 $V$=[0, 1]，如图 7.5 所示。

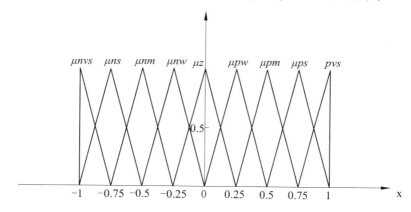

图 7.5　模糊语义变量集合 A 对应的隶属函数分布

表 7-2　模糊语义变量集合

| 语义变量 | 含　义 | 隶属度 |
|---|---|---|
| NVS | *Negatively very strong* 负很强 | $\mu_{nvs}$ |
| NS | *Negatively strong* 负强 | $\mu_{ns}$ |
| NM | *Negatively medium* 负中等 | $\mu_{nm}$ |
| NW | *Negatively weak* 负弱 | $\mu_{nw}$ |
| Z | *Zero* 无 | $\mu_{z}$ |

| 语义变量 | 含　义 | 隶属度 |
|---|---|---|
| PW | Positively weak 正弱 | $\mu_{pw}$ |
| PM | Positively medium 正中等 | $\mu_{pm}$ |
| PS | Positively strong 正强 | $\mu_{ps}$ |
| PVS | Positively very strong 正很强 | $\mu_{pvs}$ |

（2）在选择专家的时候要遵循一定的原则：第一，选择的专家对你所研究的方向足够熟悉，容易理解你的问题；第二，选择在相关领域有一定权威性的专家，这样的专家对知识有一定深度的理解，给出的答案比较合理。本书的研究是针对人道物流中的快速信任，在国内这方面研究比较少。第一个专家来自西南交通大学人道物流研究所，因为他从 2008 年汶川地震就开始着手研究人道物流，而且回访灾区人民，对人道物流有比较独特的见解；第二个专家是通过文献查到的，他研究的方向是临时组织，在高级期刊发表过相关论文，对快速信任有很深的研究；第三个专家是人道组织者之一，对人道救援有多次亲身经历，所以给出的结果也是比较可靠的。

（3）给专家发送邮件的内容除了包含模糊语义变量集合，还附带第六章的调查问卷以及分析结果，以便专家给出更准确的判断。

（4）对返回的意见进行归纳综合，定量统计分析后再发送给专家，包括其他两位专家的分析结果，最后取得大体一致的意见，如表 7-3、表 7-4 和表 7-5 所示

表 7-3　专家 1 给出的概念节点间因果关系语义变量

| 影响 | C1 | C2 | C3 | C4 | C5 | C6 | C7 | C8 |
|---|---|---|---|---|---|---|---|---|
| C1 | Z | PW | PW | PS | PM | Z | Z | Z |
| C2 | PS | Z | Z | PW | PM | Z | Z | PM |
| C3 | PS | Z | Z | PW | PW | Z | Z | PW |
| C4 | PM | Z | Z | Z | PM | Z | Z | Z |
| C5 | PVS | Z | Z | PM | Z | Z | Z | PM |
| C6 | PS | PW | Z | PW | Z | Z | PM | PW |
| C7 | NM | Z | NM | NW | Z | Z | Z | PW |
| C8 | PVS | Z | PW | Z | PW | Z | Z | Z |

表 7-4　专家 2 给出的概念节点间因果关系语义变量

| 影响 | C1 | C2 | C3 | C4 | C5 | C6 | C7 | C8 |
|---|---|---|---|---|---|---|---|---|
| C1 | Z | PM | PM | PS | PM | Z | Z | PW |
| C2 | PM | Z | Z | PW | PS | Z | PW | PM |
| C3 | PS | PW | Z | PM | PW | Z | Z | Z |
| C4 | PM | Z | PW | Z | PM | Z | Z | PW |
| C5 | PS | PW | Z | PM | Z | Z | Z | PM |
| C6 | PS | PM | Z | PM | Z | Z | PM | PW |
| C7 | NM | Z | NM | NM | Z | Z | Z | PM |
| C8 | PS | Z | PM | Z | PW | Z | Z | Z |

表 7-5　专家 3 给出的概念节点间因果关系语义变量

| 影响 | C1 | C2 | C3 | C4 | C5 | C6 | C7 | C8 |
|---|---|---|---|---|---|---|---|---|
| C1 | Z | PS | PW | PM | PM | Z | PW | Z |
| C2 | PS | Z | Z | Z | PS | Z | Z | PM |
| C3 | PS | PW | Z | PS | PW | Z | Z | PW |
| C4 | PM | Z | PM | Z | PM | Z | PW | Z |
| C5 | PS | Z | Z | PM | Z | Z | PW | PM |
| C6 | PM | PW | Z | PM | Z | Z | PW | PW |
| C7 | NS | Z | NW | NW | Z | Z | Z | PW |
| C8 | PVS | Z | PW | Z | PW | Z | PW | Z |

　　通过模糊推理法，再应用重心法求出文中八个概念节点的因果权重。例如，当两个概念节点之间的因果关系语义变量是（$pw$，$pm$，$ps$）时，计算结果如下：

$$
w_{ij} = \frac{\int_0^{0.25} x\,dx + \int_{0.25}^{0.375} \frac{x-0.5}{-0.25} x\,dx + \int_{0.375}^{0.5} \frac{x-0.25}{0.25} x\,dx + \int_{0.5}^{0.625} \frac{x-0.75}{-0.25} x\,dx + \int_{0.625}^{0.75} \frac{x-0.5}{0.25} x\,dx + \int_{0.75}^{} \frac{x-1}{-0.25} x\,dx}{\int_0^{0.25} dx + \int_{0.25}^{0.375} \frac{x-0.5}{-0.25} dx + \int_{0.375}^{0.5} \frac{x-0.25}{0.25} dx + \int_{0.5}^{0.625} \frac{x-0.75}{-0.25} dx + \int_{0.625}^{0.75} \frac{x-0.5}{0.25} dx + \int_{0.75}^{} \frac{x-1}{-0.25} dx}
$$

$$
=0.5
$$

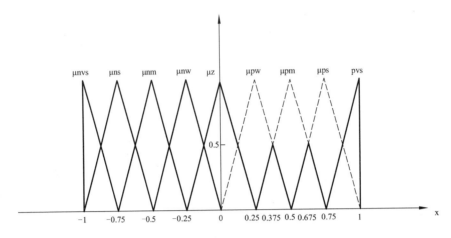

图 7.6　模糊语义变量集合 A 对应的隶属函数分布

计算出任意两个概念节点的因果权重，在文中总共有 8×8=64 个因果权重，这里用一个关联矩阵 $w_{ij}$ 表示所有的因果权重集，如矩阵（7-2）所示：

$$(w_{ij}) = \begin{bmatrix} 0 & 0.5 & 0.33 & 0.67 & 0.5 & 0 & 0 & 0 \\ 0.67 & 0 & 0 & 0 & 0.67 & 0 & 0 & 0.5 \\ 0.75 & 0 & 0 & 0.67 & 0.25 & 0 & 0 & 0.2 \\ 0.5 & 0 & 0.28 & 0 & 0.5 & 0 & 0 & 0 \\ 0.77 & 0 & 0 & 0.5 & 0 & 0 & 0.42 & 0.5 \\ 0.75 & 0.42 & 0 & 0.42 & 0 & 0 & 0 & 0.25 \\ -0.58 & 0 & -0.33 & -0.33 & 0 & 0 & 0 & 0.33 \\ 0.67 & 0 & 0.33 & 0 & 0.25 & 0 & 0 & 0 \end{bmatrix} \qquad (7\text{-}2)$$

### 7.3.3　人道物流快速信任的 FCM 模型

任何一个 $n$ 阶矩阵唯一对应一个 FCM 模型，根据关系权重集（7-2）用有向弧连接有因果关系的任意两个概念节点，并标注概念节点之间的权重值得到快速信任的模型（如图 7.7 所示）。有向弧表示快速信任与影响因素之间的因果关系，并用权重表示关系强度。该模型表示影响因素与快速信任以及因素之间的影响和反馈。能够通过该模型对快速信任进行推理和演化分析。当任何一个影响因素发生变化时，都能够通过有向弧传递给快速信任和与它有因果关系的影响因素，通过反馈作用一直循环下去直到达到稳定状态。

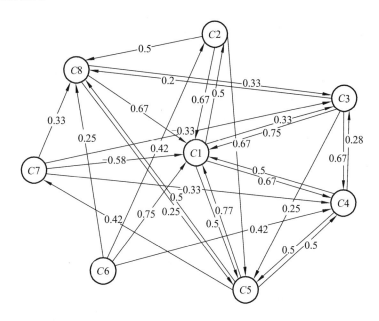

图 7.7　基于 FCM 的人道物流快速信任模型

　　通过人道物流快速信任模型可知，第三方信息、社会规则、第三方信息的可靠性感知、承担风险的意愿、角色、信任倾向对快速信任的形成有很强的正因果关系，而范畴对快速信任的形成有很强的负因果关系；快速信任同时能够正向影响组织之间或者组织内的第三方信息的可靠性感知和承担风险的意愿，有利于社会规则的标准化，同时有利于信誉的建立。清晰的角色有利于第三方信息的传播，而第三方信息又能够增强组织或者个人承担风险的意愿并促进信任倾向。信任倾向和第三方信息的可靠性感知能够促进社会规则的实施，好的社会规则反过来会影响组织间或者组织内的第三方信息的可靠性感知，承担风险的意愿以及信任倾向。承担风险的意愿、角色清晰度都能够促进第三方信息的可靠性感知，而范畴的差异不利于组织的第三方信息的可靠性感知。第三方信息的可靠性感知、信任倾向能够增强组织承担风险的意愿。

# 7.4 基于 FCM 的人道物流快速信任的演化

## 7.4.1 快速信任的 FCM 推理分析

快速信任产生后，只要继续保持高效的行动，它可以持续不变。然而快速信任还具有脆弱性，易受机会主义等不利因素的影响。快速信任的脆弱性决定了其动态性，由此可构建灾难救援团队快速信任不同阶段的 FCM 图。

由 FCM 的推理机制可知，因果关系有传导作用，当输入节点发生改变时，与该节点有因果关系的节点值也会发生改变。在这里引入阈值函数，为了将更新后的概念节点转换到一定范围内，即概念节点的值改变之后还是有效的。影响因素对快速信任的影响有正有负，所以选择值域为[-1，1]的双曲正切函数。

双曲正切函数：

$$f(x) = \tanh(x) = \frac{e^x - e^{-x}}{e^x + e^{-x}} \tag{7-3}$$

双曲正切函数图像如图 7.8 所示。

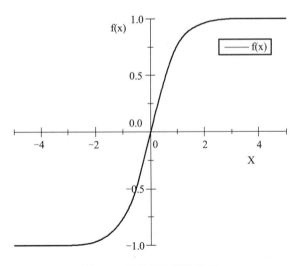

图 7.8 双曲正切阈值函数

由图 7.8 知，双曲正切函数是单调递增的，值域在[-1，1]内，通过该阈值函数能将推理后的各节点的状态值转换到该值域内。

下面对人道物流快速信任进行仿真模拟。首先对情景进行分析，根据灾难救援不同阶段的物资需求分析和参与者的变化，确定快速信任的主要影响因素，并进行分段模拟，最后对快速信任进行一个整体的演化。

每个阶段有不同的主要影响因素，所以不同情境下给定的初始值是不同的，命名 $v_i(0)$ 为初始值向量，表示在特定情景下的初始状态值，经过多次推理，会达到一个稳定的状态，即最终向量命名为 $v_i(n)$。在 FCM 中，如果只有第 $i$ 个概念节点发生改变，初始向量表示为 $v_i(0)=(0，\cdots，c_i，\cdots，0)$，除了改变的那个概念节点的初始值命名为 $c_i$，其他的默认为 0。$c_i$ 变化范围在[-1，1]内，正号表示增加，负号表示减少，绝对值大小表示变化程度，其余概念节点初始状态默认值是 0，表示该概念节点在初始没有发生变化。模型建立好后使用下面的 FCM 推理算法来得到概念节点的最终状态向量 $v_i(n)$：

第一，定义初始向量，并赋予输入节点初始状态的向量值 $v_i(0)$；

第二，用初始向量 $v_i(0)$ 和邻接矩阵(7-2)相乘，得到模型中各个节点下一时刻（或下一步）的状态值；

第三，根据迭代公式(7-1)和阈值函数(7-3)对步骤二中得到的状态向量进行校正，得到 $v_i(1)$；

第四，用 $v_i(1)$ 代替 $v_i(0)$，重复步骤 2 和步骤 3，直到出现 $v_i(n)= v_i(n-1)$，(实际计算中只要出现 $v_i(n)-v_i(n-1)< 0.001$ 即可，这个数据是经过多次实验得到的)，即 FCM 进入最终状态，则推理结束。那么 $v_i(n)$ 就是最终状态向量。

## 7.4.2 情景模拟

灾难管理生命周期有四个阶段，其中快速信任主要集中在灾难爆发的应对阶段和灾后恢复重建的恢复阶段。这两个阶段属于灾后的救援任务生命周期，我们进一步细分为四个阶段，即评估阶段、部署阶段、维持阶段和重置阶段。不同阶段的物资需求和来源不同，人道物流活动的参与者有很大改变，所以快速成形网络中快速信任是动态的。下面通过对四个阶段的模拟得到快速信任的演化趋势。

### 7.4.3  评估阶段的快速信任

灾难响应初期，对物资的需求并不确定，需要对物资进行评估，然后由受灾国政府部署物资的运输和发放。首先进入灾区的是军队，他们角色清晰、任务明确，需要快速投入到生命抢救以及为受灾区运输和发放救灾物资等任务中，同时还要负责道路抢修，为物资的运输提供保障。在评估阶段，救灾物资基本上来自政府，所以参加物流运输的军队对资源和任务都有很强的依赖性，同时听命于政府的指挥，他们冒着生命危险第一时间赶到受灾区，并付出行动，正因为如此，灾难救援活动才能顺利开展。所以在评估阶段，快速信任的主要影响因素是角色、第三方信息的可靠性感知和承担风险的意愿。设模型的概念节点初始向量 $v_i(0)=[0, 0, 0, 0.7, 0.7, 0.7, 0, 0]$，根据模糊认知图的推理算法，下一时刻各概念节点状态值为：

$$v_i^{\mathrm{T}}(1) = f(w_{ji}v_i^T(0))$$

$$
= f\left(
\begin{bmatrix}
0 & 0.5 & 0.33 & 0.67 & 0.5 & 0 & 0 & 0 \\
0.67 & 0 & 0 & 0 & 0.67 & 0 & 0 & 0.5 \\
0.75 & 0 & 0 & 0.67 & 0.25 & 0 & 0 & 0.2 \\
0.5 & 0 & 0.28 & 0 & 0.5 & 0 & 0 & 0 \\
0.77 & 0 & 0 & 0.5 & 0 & 0 & 0.42 & 0.5 \\
0.75 & 0.42 & 0 & 0.42 & 0 & 0 & 0 & 0.25 \\
-0.58 & 0 & -0.33 & -0.33 & 0 & 0 & 0 & 0.33 \\
0.67 & 0 & 0.33 & 0 & 0.25 & 0 & 0 & 0
\end{bmatrix}^{\mathrm{T}}
*
\begin{bmatrix}
0 \\ 0 \\ 0 \\ 0.7 \\ 0.7 \\ 0.7 \\ 0 \\ 0
\end{bmatrix}
\right)
= f\left(
\begin{bmatrix}
1.414 \\ 0.294 \\ 0.196 \\ 0.644 \\ 0.35 \\ 0 \\ 0.294 \\ 0.525
\end{bmatrix}^{\mathrm{T}}
\right)
$$

$$
= \left( \frac{e^{1.414}-e^{-1.414}}{e^{1.414}+e^{-1.414}}, \frac{e^{0.294}-e^{-0.294}}{e^{0.294}+e^{-0.294}}, \frac{e^{0.196}-e^{-0.196}}{e^{0.196}+e^{-0.196}}, \frac{e^{0.644}-e^{-0.644}}{e^{0.644}+e^{-0.644}}, \right.
$$
$$
\left. \frac{e^{0.35}-e^{-0.35}}{e^{0.35}+e^{-0.35}}, \frac{e^{0}-e^{-0}}{e^{0}+e^{-0}}, \frac{e^{0.294}-e^{-0.294}}{e^{0.294}+e^{-0.294}}, \frac{e^{0.525}-e^{-0.525}}{e^{0.525}+e^{-0.525}} \right)^{T}
$$

$$= [0.8883 \quad 0.2858 \quad 0.1935 \quad 0.5675 \quad 0.3364 \quad 0.0000 \quad 0.2858 \quad 0.4816]^{T}$$

$$v_i(1) = [0.8883, 0.2858, 0.1935, 0.5675, 0.3364, 0.0000, 0.2858, 0.4816]$$

由于 $v_i(1) - v_i(0) > 0.001$，所以 $v_i(1)$ 不是最终的状态值，需要继续迭代。通过 Matlab 仿真计算，迭代 9 次，满足 $v_i(9) - v_i(8) < 0.001$，停止

程序运行，结果如表 7-6 所示，并绘制概念节点的变化趋势如图 7.9 所示。

表 7-6　评估阶段每次迭代各节点状态值

|   | C1 | C2 | C3 | C4 | C5 | C6 | C7 | C8 |
|---|---|---|---|---|---|---|---|---|
| 1 | 0.888341 | 0.285812 | 0.193528 | 0.567617 | 0.336376 | 0 | 0.285812 | 0.48155 |
| 2 | 0.776433 | 0.417095 | 0.475132 | 0.663322 | 0.796236 | 0 | 0 | 0.417052 |
| 3 | 0.952678 | 0.369822 | 0.52236 | 0.844502 | 0.840354 | 0 | 0 | 0.605441 |
| 4 | 0.971285 | 0.443307 | 0.63553 | 0.887165 | 0.891322 | 0 | 0 | 0.610401 |
| 5 | 0.980584 | 0.450751 | 0.64714 | 0.909085 | 0.911737 | 0 | 0 | 0.660906 |
| 6 | 0.98324 | 0.454448 | 0.661927 | 0.913197 | 0.917636 | 0 | 0 | 0.669961 |
| 7 | 0.98409 | 0.455501 | 0.664736 | 0.915595 | 0.919483 | 0 | 0 | 0.674213 |
| 8 | 0.984349 | 0.455838 | 0.666048 | 0.916139 | 0.920113 | 0 | 0 | 0.675309 |

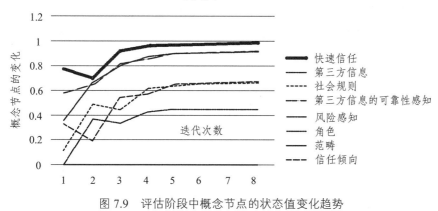

图 7.9　评估阶段中概念节点的状态值变化趋势

## 7.4.4　部署阶段和维持阶段的快速信任

评估阶段后，对救援物资的需求快速增加，这时候的物流活动主要包括采购、运输和发放，大量救援物资需要运输到灾区，在一段时间后趋于平稳。随着灾难信息的传播，物流活动的参与者变得复杂，有军队、企业、民间组织以及个人。由于职业、性别、语言、文化、地域有很大差异，所以沟通不畅，从而影响救援效率。政府与 NGO、不同的 NGO 之间或者不同国家之间的救援制度有很大差异，导致参与者合作困难。在没有时间对合作方进行详细了解的情况下，会通过第三方信息进行判断，而第三方信息传播的主要是组织或者个人的声誉，所以声誉好的组织和个人更容易得到对方的信任。在这个阶段能够促进参与者之间相互合作的因素主要是承担风险的意愿、第三方信息的可靠性感知、第三方信息。但是模糊的角色、范畴的差异以及社会规则的不同阻碍参与者的合作。所以设模型的初始向量为 $v_i(0) = [0, 0.7, -0.7, 0.4, 0.7, -0.4, 0.7, 0]$，下一时刻各概念节点状态值为：

$$v_i^T(2) = f(w_{ji}v_i^T(1))$$

$$= f\left(\begin{bmatrix} 0 & 0.5 & 0.33 & 0.67 & 0.5 & 0 & 0 & 0 \\ 0.67 & 0 & 0 & 0 & 0.67 & 0 & 0 & 0.5 \\ 0.75 & 0 & 0 & 0.67 & 0.25 & 0 & 0 & 0.2 \\ 0.5 & 0 & 0.28 & 0 & 0.5 & 0 & 0 & 0 \\ 0.77 & 0 & 0 & 0.5 & 0 & 0 & 0.42 & 0.5 \\ 0.75 & 0.42 & 0 & 0.42 & 0 & 0 & 0 & 0.25 \\ -0.58 & 0 & -0.33 & -0.33 & 0 & 0 & 0 & 0.33 \\ 0.67 & 0 & 0.33 & 0 & 0.25 & 0 & 0 & 0 \end{bmatrix}^T * \begin{bmatrix} 0 \\ 0.7 \\ -0.7 \\ 0.4 \\ 0.7 \\ -0.4 \\ -0.7 \\ 0 \end{bmatrix}\right) = f\left(\begin{bmatrix} 0.564 \\ -0.294 \\ 0.343 \\ -0.182 \\ 0.494 \\ 0 \\ -0.294 \\ 0.154 \end{bmatrix}^T\right)$$

$$= (\frac{e^{0.564}-e^{-0.564}}{e^{0.564}+e^{-0.564}}, \frac{e^{-0.294}-e^{0.294}}{e^{-0.294}+e^{0.294}}, \frac{e^{0.343}-e^{-0.343}}{e^{0.343}+e^{-0.343}}, \frac{e^{-0.182}-e^{0.182}}{e^{-0.182}+e^{0.182}},$$
$$\frac{e^{0.494}-e^{-0.494}}{e^{0.494}+e^{-0.494}}, \frac{e^{0}-e^{-0}}{e^{0}+e^{-0}}, \frac{e^{-0.294}-e^{0.294}}{e^{-0.294}+e^{0.294}}, \frac{e^{0.154}-e^{-0.154}}{e^{0.154}+e^{-0.154}})^T$$

$$= [0.5109 \quad -0.2858 \quad 0.3302 \quad -0.1800 \quad 0.4574 \quad 0.0000 \quad -0.2858 \quad 0.4815]^T$$

所以

$$v_i(1) = [0.5109, -0.2858, 0.3302, -0.1800, 0.4574, 0.0000, -0.2858, 0.4815]$$

由于 $v_i(1) - v_i(0) > 0.001$ 所以 $v_i(1)$ 不是最终的状态值，应该对概念节点值进行迭代，通过 Matlab 仿真计算，迭代十一次，满足 $v_i(11) - v_i(10) < 0.001$，停止程序的运行，结果如表 7-7 所示，并绘制概念节点的变化趋势如图 7.10 所示。

表 7-7 部署阶段和维持阶段每次迭代各节点状态值

| | $C1$ | $C2$ | $C3$ | $C4$ | $C5$ | $C6$ | $C7$ | $C8$ |
|---|---|---|---|---|---|---|---|---|
| 1 | 0.5109 | -0.2858 | 0.3302 | -0.1800 | 0.4574 | 0.0000 | -0.2858 | 0.1528 |
| 2 | 0.5273 | 0.2501 | 0.2570 | 0.7097 | 0.0944 | 0.0000 | 0.0000 | 0.0574 |
| 3 | 0.6785 | 0.2577 | 0.3728 | 0.5174 | 0.6987 | 0.0000 | 0.0000 | 0.2200 |
| 4 | 0.8846 | 0.3268 | 0.4148 | 0.7832 | 0.7253 | 0.0000 | 0.0000 | 0.5026 |
| 5 | 0.9485 | 0.4155 | 0.5896 | 0.8435 | 0.8571 | 0.0000 | 0.0000 | 0.5434 |
| 6 | 0.9741 | 0.4416 | 0.6222 | 0.8975 | 0.8972 | 0.0000 | 0.0000 | 0.6377 |
| 7 | 0.9812 | 0.4519 | 0.6545 | 0.9084 | 0.9132 | 0.0000 | 0.0000 | 0.6606 |
| 8 | 0.9835 | 0.4547 | 0.6619 | 0.9142 | 0.9180 | 0.0000 | 0.0000 | 0.6715 |
| 9 | 0.9842 | 0.4556 | 0.6652 | 0.9156 | 0.9197 | 0.0000 | 0.0000 | 0.6744 |
| 10 | 0.9844 | 0.4559 | 0.6661 | 0.9162 | 0.9202 | 0.0000 | 0.0000 | 0.6754 |
| 11 | 0.9844 | 0.4559 | 0.6664 | 0.9164 | 0.9203 | 0.0000 | 0.0000 | 0.6757 |

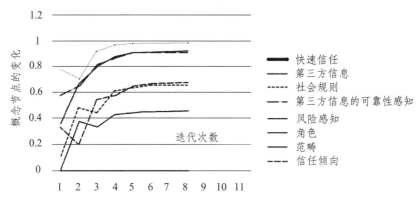

图 7.10 部署阶段和维持阶段中概念节点的状态值变化趋势

## 7.4.5 重置阶段的快速信任

灾难后期，主要任务是基础设施的重建，这时候除了需要基本的生活必需品外，还有重建设施的物料，需要大量的物资，这些物资大部分来自国家拨款和采购，也有来自社会的捐赠，而人道物流活动主要是采购和运输，参与者主要是政府、受灾地区的人们和有社会责任感的物流服务提供者。灾区的重建受到政府制度的管制，因此参与物流活动的组织或者个人在严格的规则/制度章程下运作。在这种情境下，快速信任的影响因素主要是社会制度。所以设模型的初始向量为 $v_i(0)=[0, 0, 0.7, 0.4, 0.4, 0, 0, 0]$，下一时刻各概念节点状态值为：

$$v_i^T(2) = f(w_{ji}v_i^T(1))$$

$$=f\left(\begin{bmatrix} 0 & 0.5 & 0.33 & 0.67 & 0.5 & 0 & 0 & 0 \\ 0.67 & 0 & 0 & 0 & 0.67 & 0 & 0 & 0.5 \\ 0.75 & 0 & 0 & 0.67 & 0.25 & 0 & 0 & 0.2 \\ 0.5 & 0 & 0.28 & 0 & 0.5 & 0 & 0 & 0 \\ 0.77 & 0 & 0 & 0.5 & 0 & 0 & 0.42 & 0.5 \\ 0.75 & 0.42 & 0 & 0.42 & 0 & 0 & 0 & 0.25 \\ -0.58 & 0 & -0.33 & -0.33 & 0 & 0 & 0 & 0.33 \\ 0.67 & 0 & 0.33 & 0 & 0.25 & 0 & 0 & 0 \end{bmatrix}^T * \begin{bmatrix} 0 \\ 0 \\ 0.7 \\ 0.4 \\ 0.4 \\ 0 \\ 0 \\ 0 \end{bmatrix}\right) = f\left(\begin{bmatrix} 1.033 \\ 0 \\ 0.112 \\ 0.669 \\ 0.375 \\ 0 \\ 0 \\ 0.34 \end{bmatrix}^T\right)$$

$$=(\frac{e^{1.033}-e^{-1.033}}{e^{1.033}+e^{-1.033}}, \frac{e^0-e^{-0}}{e^0+e^0}, \frac{e^{0.112}-e^{-0.112}}{e^{0.112}+e^{-0.112}}, \frac{e^{0.669}-e^{-0.669}}{e^{0.669}+e^{-0.669}},$$

$$\frac{e^{0.375}-e^{-0.375}}{e^{0.375}+e^{-0.375}}, \frac{e^0-e^{-0}}{e^0+e^0}, \frac{e^0-e^{-0}}{e^0+e^0}, \frac{e^{0.34}-e^{-0.34}}{e^{0.34}+e^{-0.34}})^T$$

$$=[0.7751 \quad 0.0000 \quad 0.1115 \quad 0.5843 \quad 0.3584 \quad 0.0000 \quad 0.0000 \quad 0.3275]^T$$

所以

$$v_i(1) = [0.7751, 0.0000, 0.1115, 0.5843, 0.3584, 0.0000, 0.0000, 0.3275]$$

由于 $v_i(1)-v_i(0)>0.001$ 所以 $v_i(1)$ 不是最终的状态值，应该对概念节点值进行迭代，通过 Matlab 仿真计算，迭代八次，满足 $v_i(8)-v_i(7)<0.001$，停止程序的运行，结果如表 7-8 所示，并绘制概念节点的变化趋势如图 7.11 所示。

表 7-8　重置阶段每次迭代各节点状态值

|  | C1 | C2 | C3 | C4 | C5 | C6 | C7 | C8 |
|---|---|---|---|---|---|---|---|---|
| 1 | 0.775109 | 0 | 0.111534 | 0.584322 | 0.358357 | 0 | 0 | 0.327477 |
| 2 | 0.701961 | 0.36925 | 0.48344 | 0.648803 | 0.658108 | 0 | 0 | 0.198803 |
| 3 | 0.91771 | 0.337245 | 0.445376 | 0.808704 | 0.798094 | 0 | 0 | 0.544385 |
| 4 | 0.959819 | 0.429151 | 0.610005 | 0.86486 | 0.870854 | 0 | 0 | 0.576193 |

|  | $C1$ | $C2$ | $C3$ | $C4$ | $C5$ | $C6$ | $C7$ | $C8$ |
|---|---|---|---|---|---|---|---|---|
| 5 | 0.977323 | 0.446171 | 0.634579 | 0.90281 | 0.904499 | 0 | 0 | 0.648093 |
| 6 | 0.98222 | 0.453153 | 0.657941 | 0.910804 | 0.915367 | 0 | 0 | 0.665293 |
| 7 | 0.983773 | 0.455097 | 0.663312 | 0.914867 | 0.918748 | 0 | 0 | 0.672804 |
| 8 | 0.984249 | 0.455713 | 0.665618 | 0.915892 | 0.919883 | 0 | 0 | 0.674844 |

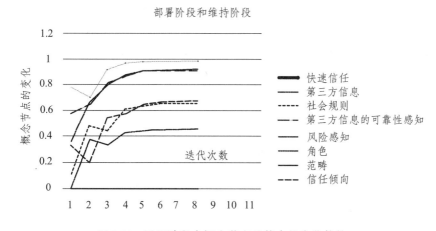

图 7.11　重置阶段中概念节点的状态值变化趋势

## 7.5　研究结论

### 7.5.1　灾后各阶段的 FCM 推理结果分析

由图 7.9 可知，在评估阶段，人道物流中的快速信任在短时间内达到高水平状态，并一直持续下去。参与者通过对第三方信息的可靠性感知，愿意相互依赖，愿意付诸行动。由于合作顺利提高了组织或者个人的声誉，所以第三方信息的作用会随着快速信任水平的提高而增加。而参与者的角色和类别一旦确定就不再发生变化，这是参与者的特点和能力。

由图 7.10 可知，在灾难救援的部署和维持阶段，快速信任水平经历大幅度的下降，灾难救援处于一种混乱状态，主要是因为参加救援的组织的多样化，其中很多没有灾难救援的经验和能力，文化地域的不同、社会规则的不统一，导致信任倾向降低，各组织按照自己的规则行事，没有很强的第三方信息的可靠性感知。但是，随着灾难救援的稳定，物资需求达到一个平衡状态，快速信任水平有回升的趋势。灾难救援的非专业人士在刚达到灾区时，并不知道自己的行动方向，不能够快速投入到救援当中，通过第三方信息的传播，参与者偏向于信誉比较高的组织，愿意加入这些组织以明确自己的任务从而选择合作。

由图 7.11 可知，快速信任水平在重置阶段有稍微的波动，而且快速信任与信任倾向的变化是同步的，在完全陌生的情况下，人道物流参与者只有表现出高度信任倾向才能更好地开展工作。这个阶段持续的时间比较长，参与者在整个过程中变更很小，所以刚开始是快速信任的范畴，在长时间的合作中转变成普通信任，因为受灾区的重建主要受国家制度的控制，所以在后期的重建中属于制度信任的范畴。

## 7.5.2 人道物流的快速信任演化趋势分析

普通的信任水平是可以叠加的，下一个阶段的信任水平在上个阶段的基础上增加或者减少，但是对于人道物流这个特殊的环境来说，参与者时时刻刻发生变化，每个阶段都是一个新的开始，所以只能通过分析不同阶段下的快速信任水平来分析整个灾难救援的信任水平。综合评估阶段、部署阶段、维持阶段和重置阶段模拟仿真的数据，得到快速信任在整个灾难救援过程中的变化。整体变化趋势如图 7.12 所示：

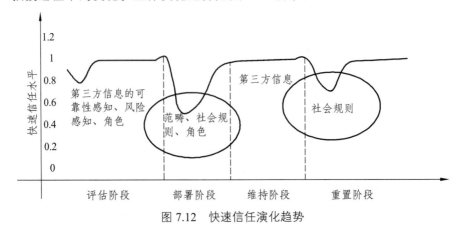

图 7.12　快速信任演化趋势

整体变化趋势表明，在灾难救援评估阶段，参与者需要对任务进行短暂的评估和识别，所以信任有暂时的低水平状态，随着任务的明确、能力的发挥，促使信任水平快速上升，以至达到高水平状态，这与以往的大部分研究是相符的，即快速信任一旦建立就处于很高的水平。快速信任的形成不需要长时间的了解、沟通达成协议等步骤，而是与环境和任务有紧密的联系。当救援进入部署阶段时，参加物流活动的主要有政府、军队、NGO、企业、个人、临时组织和国外救援机构，在灾难发生之前，这些组织没有很强的联系，当所有组织都聚集到灾区时，会出现短期的混乱场面，不能够快速地投入救援活动。此时第三方信息就发挥了很大的作用，第三方信息主要有传播信誉和信息的能力，使人们更加容易与信誉好的组织合作，或者加入其救援活动，听从指挥，如灾民更容易相信信誉比较高的政府和军队而不是NGO。参加救援的人并不都是专业的，很多参与者没有相关的资格证书，很难取得别人的信任，所以模糊的角色会降低救援效率。类别的差异导致沟通不畅，很难达成协同，而且组织更容易接受同类别的人，相同类别的人有类似的信任倾向，很难与其他组织产生合作关系。政府与NGO、不同NGO之间的制度/规则互不相同，没有一个组织能够领导整个团队，也没有一个统一标准的制度控制整个救援网络，导致信任水平降低。但是灾难救援维持阶段能够达到一个高水平信任，主要是由于第三方信息的传播、人们的博爱心理、心系灾民，以及任务的明确性。在重置阶段，人道物流参与者减少，主要受到国家政策和制度的影响，而且这个阶段维持时间长，在长时间的合作中即形成常规信任。

从整体变化趋势看，快速信任能够在短时间内达到高水平状态，而且容易受到影响，使信任水平降低但是它本身有一定的修复功能，能够缓慢恢复到原来的状态。

# 8   人道物流快速信任的治理

信任是一种与物质资源运作方式不同的精神资源，信任不会随着不断的使用而枯竭，信任度与对它的使用成正比，人们越多地使用信任，信任就会越牢固地树立起来。如果信任不被使用，信任就会枯竭。虽然有关组织间合作的研究成果给人们如何建立信任提供了启示，认为信任是精心考虑的产物，也认为信任是一种文化价值观认同的副产品。理性的或精心谋划的信任观高估了合作各方的远见和相互宽容所形成的持久的、成功的合作关系，却无法解决由于一方无法断定另一方有什么值得依赖所造成的合作困境问题。同样，以社会规范为基础的信任观，忽视了长期合同、定期对话和不时的监管，对合作的提高程度。所以，信任不是合作的结果，信任不是在什么程度上可以被选择、被采用，而是人们在多大程度上了解信任和强化信任，组织之间共同的目标、共同的利益、信誉和友谊、过往的经历和未来的激励等交织在一起，使信任成为长期相互作用和不断协商的产物。

## 8.1   供应链横向协同的治理与信任

### 8.1.1   供应链横向协同的治理机制

供应链的治理机制分为正式治理机制和非正式治理机制。正式治理机制依赖于一种层级控制系统，在其组织架构内以明确清晰的方式互动。正式治理机制包括命令结构、激励系统、标准运作过程、正式架构和文档化的争议解决过程（如契约等）。非正式治理机制则依赖于一种相互关系，包括信任、信息共享、价值和文化、社会范式、社会结构等，以减少复杂的正式治理机制所带来的高额监管和协调成本。

横向协同，是指在价值系统的同一层面上企业间采用的协同一致行为（Concerted Practice）。供应链横向协同，是指在供应链的同一层面上多个企业协同完成相应的物流功能。这里企业包括制造商或供应商、零售商或物流服务提供者，他们不分大小，没有相互竞争，有的是相互信任、开放、共担风险和共享收益，得到的竞争优势和绩效多于单个企业独自获得。这是一种双赢的局面。

表 8-1  横向协同的阶段及其目标和表现

| | 运作协同阶段 | 战术协同阶段 | 战略协同阶段 |
|---|---|---|---|
| 共享资产 | 数据<br>信息<br>承运商 | 物流设施<br>仓库<br>支持流程 | 订单<br>市场支配力<br>专家<br>知识 |
| 目标 | 降低成本<br>增强响应<br>提高生产率<br>采购与投标小组<br>联合配送和流量合并 | 多模式协同<br>优良资源管理<br>降低供应风险 | 创新<br>创造价值<br>合伙投资<br>成长<br>改善市场地位<br>社会相关议题<br>网络化 |

供应链横向协同追求的目标主要有：降低成本、改善客户服务、增强响应、社会相关议题（如环境问题）、创造价值、提高生产率、成长、创新、改善市场地位、优良资源管理、降低供应链风险和网络化。根据时间跨度的长短，供应链横向协同要经历运作协同、战术协同和战略协同这三个阶段，这三个阶段的协同目标和协同表现是不同的。成功设计和实施横向协同的物流活动则分为三个递进层次：第一层是邀约流程，主要有辨识合适的伙伴和设计共用网络；第二层是相互耦合管理，主要有联合仓储的局部化和信息共享；第三层是有效实施运作，主要为运作执行的规范化和争端解决协议。具体如表 8-1 所示[43]。

信任、权力和价格是供应链横向协同的三种治理机制。权力是一个层级性的关系概念，是组织成员影响、控制或阻止其他成员的能力。在供应网络组织中存在着不对称的权力关系，单个组织因控制一个关系而获益，这是一种正式的治理机制。当面临高度不确定性的情景、高度专用化的资产和频繁的交易之时，网络组织之间建立的权力（层级管理）关系比保持距离的一般市场交易（Arm's Length Market Transaction）更有效。价格是根据市场原则确定的，组织根据定价的状况来决定任务是执行、进入还是退出等自主的行动选择。价格和权力与每个交易有关，是专门的正式治理机制。然而，信任是一类更普遍的非正式治理机制。

相互不信任和缺乏透明是阻碍供应链协同的主要原因。在供应链中同时存在协同和竞争，信任反映了协同的程度，信任程度越高，协同越强烈。供应链横向协同的三个阶段分别对应着信任发展的三个阶段：协议驱动的信任，知识驱动的信任和协同驱动的信任。成员协作得越多，协作的成功率越高，越容易发现对方的核心能力和技能，相互信任和互惠知识就越多。了解彼此的需求和打算，特别是共享了第三阶段上的订单、市场权力和专家，减少了交易的成本，增加了价值创造的机会，增强了相互理解和学习，实现高度信任。

## 8.1.2　供应链横向协同信任的治理

供应链横向协同信任是基于人际信任基础上的群体信任，具有群体传递性，是供应链成员长期博弈的结果，如图8.1所示（见下页）。

所有的协同关系都开始于一个初始交易。当最初的商务机会出现时，企业双方相互评估，最初依赖于第三方信息、角色和范畴。如果建立了信任意愿，双方之间的交易进入执行阶段。这时不仅有信息交换，还有真实的有价值的绩效承诺。如双方都进行了绩效承诺，他们之间产生了相互依赖，承担风险的意愿得到建立，信任得到增强。否则，信任将消失。

信任水平不断地增进，业务关系也会不断地推进。当一个新的协同业务机会涌现时，就会启动一个新的评估过程。先前的信息和绩效伴随着信任行为如流程投入和关系投入，影响着本次可信任性、风险和脆弱性的评估。持续的正面结果将导致高水平的绩效能力和关系承诺，增强承担风险的意愿，实现突破性的协同。

值得注意的是，每个新的交易机会都不仅包括获益的前景，还包括负面结果的威胁（失败的绩效或者机会主义的行为）。信任可以有效地减少这样的感知威胁，同时放大感知机会。信任促进了正面的评估，增加了建立高水平实际信任的机会，收获了关系租金（Relational Rents）。

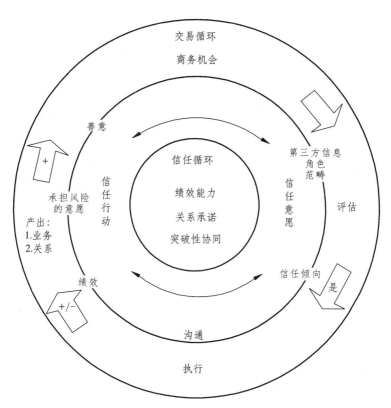

图 8.1  供应链信任的发展循环

## 8.2  快速信任与演化博弈论

### 8.2.1  人道物流快速信任与演化博弈论

在人道物流中，参与救援的组织团体由来自各地的志愿者组成，由于团队成员间彼此陌生，所以在初期合作时很难达成百分百的信任，从而影响救援工作的协调性。人道物流快速信任的建立与其救援团队成员的行为密切相关。灾难的突发性和复杂性，导致救援团队成员所处的救援环境是不确定的，处于相对变化之中。救援团队成员如何进行相互之间的策略决策依赖于救援成员之间的信任值，这个由信任策略的选择到建立信任关系的过程将保证救援团队成员之间的合作。利用演化博弈中的复制动态方程进行人道物流快速信任策略的演化，通过救援团队成员的反复交互和不断地模仿与试错，来动态调整自身的信任或不信任策略。因此，将演化博弈思想用于研究人道物流快速信任，可以深刻地揭示人道物流中快速信任的特征及演化机制。由此总结出在人道物流快速信任研究中应用演化博弈论的优势：

(1) 救援团队成员行为的有限理性。灾难发生后，受灾地点基础设施遭到很大破坏，不一定有稳定且完整的通信线路。面对救援环境的复杂性和不确定性，救援团队成员间的信息不完善或者不准确，类似的因素导致团队成员根本无法实现完全理性。

(2) 快速信任博弈的非零和性和重复性。当救援团队成员都选择信任策略时可以实现双赢，因此这种博弈方式是非零和的。此外，随着灾难救援的不断展开，救援团队成员间的合作行为也是重复多次进行的，双方的博弈过程不会改变博弈矩阵，彼此都可以看到对方过去的行为，所以团队成员间的信任博弈行为具有重复性。

(3) 救援团队成员的策略决策具有模仿性。由于人的有限理性，并不是所有的人都能对环境变化做出迅速、准确的反应，即一开始找到最优的策略，而是通过试验、模仿及学习等方式进行决策，其决策受其所处环境的影响。当救援团队成员知道前期团队成员的行为得失但不能完全正确地判断自己的行为得失时，模仿前期最佳行为即是其最佳策略。复制动态方程可以对这种策略选择的模仿性进行分析。

(4) 救援团队成员的策略决策具有动态性。演化博弈论更强调时间的重要性。行为主体状态的演化跟初始的时间状态息息相关。人道物流快速信任的建立过程，就是救援团队成员随着救援工作的开展，根据不同的救灾环境不断调整自身策略实现收益最大化的过程。系统达到均衡并不是通过行为主体一次性决策来完成，而是一个复杂的渐进过程。所以此时快速信任的建立就是一个动态的变化过程。

(5) 反映救援团队成员的多样性和复杂性。演化博弈论把从个人行为到群体行为的形成机制以及其中涉及的各种因素都纳入到演化博弈模型中去，构成一个具有微观基础的宏观模型，因此能够更真实地反映行为主体的多样性和复杂性，并且可以为宏观调控群体行为提供理论依据。人道物流快速信任的建立过程中，救援团队成员个体间的信任行为会对整个救援团队的信任行为造成影响。因此，采用演化博弈论可以通过研究救援成员间的个人信任行为反映群体的信任行为，提供的现象解释比经典博弈论更深刻并更贴近实际。

以上这些特点正符合演化博弈论的应用场景，因此可以根据演化博弈论建立人道物流快速信任的相关演化动力方程，观察研究救援团队成员间信任行为的演化规律。

## 8.2.2 演化博弈模型概述

演化博弈论是把博弈理论分析和动态演化过程分析结合起来的一种新理论。演化博弈论突破了经典博弈论对博弈者完全理性假设的局限性，认为参与人是有限理性的，这个观点与现实更接近。参与人的有限理性，使得他们并不能做到行为的最优化，因而，一对个体之间会通过对彼此的模仿、学习来做出选择和决策，当选择演化稳定策略时，博弈达到演化稳定状态，该状态的均衡即是演化均衡。群体的行为是个体行为的一种突变。成功的策略被复制，获得"满意"的收益。总体的收益依赖于群体中一对彼此博弈的个体的行为策略，以及采取该策略的群体数量。所谓演化稳定策略是指达到演化均衡时群体所选取的策略。

与经典博弈论不同，在演化博弈论中，对称博弈是指博弈的个体是无差别的，双方不存在身份、地位等的不同。假设从一个大的群体中重复随机选择某些个体进行对称的两人博弈，其中每个处于稳定状态的个体对应一个特定的纯策略 $s_i$，$s_i \in n$，记 $S = \{s_1, s_2, \cdots, s_n\}$ 为各个体可供选择的纯策略集；在任何时点 $t$，令 $\varphi(t) \geq 0$ 表示当期采取纯策略 $s_i$ 的个体的数量，并且令 $\varphi(t) = \sum_i \varphi_i(t) > 0$ 表示总体；这里假定每个个体在任何时候只选择一个纯策略或混合策略，总体在不同时刻所处的状态对应一个混合策略，即 $\theta_i(t)$ 则为时刻 $t$ 选择纯策略 $s_i$ 的个体在总体中所占比例，那么总体在时刻 $t$ 所处的状态表示记为 $\theta(t) = \{\theta_1(t), \theta_2(t), \cdots, \theta_n(t)\}$；$u(s_i, \theta(t))$ 表示总体中选择纯策略 $s_i$ 个体的期望支付。

在时刻 $t$ 选择纯策略 $s_i$ 的个体在种群中所占比例为

$$\theta(t)_i = \varphi_i(t) / \varphi(t) = \varphi_i(t) / \sum_i \varphi_i(t) \tag{8-1}$$

$$\sum_i \theta_i(t) = 1$$

其中，种群中选择 $s_i$ 的个体的期望支付为

$$u(s_i, \theta(t)) = \sum_j \theta_j(t) u(s_i, s_j) \tag{8-2}$$

一个种群的平均期望支付为

$$\bar{u}(\theta(t), \theta(t)) = \sum_j \theta_i(t) u(s_i, \theta(t)) \tag{8-3}$$

根据复制动态方程思想，每个策略的增长率与选择该策略的个体所占比例成正比，即对 $\varphi_i(t)$ 关于时间 $t$ 求导数，为

$$\varphi_i(t)' = \mathrm{d}\varphi_i(t)/\mathrm{d}t = \varphi_i(t) u(s_i, \theta(t)) \tag{8-4}$$

对 $\theta_i(t)$ 求关于时间 $t$ 的导数，并去掉时间自变量，可得复制动态方程为

$$\begin{aligned}
\theta_i(t)' &= \frac{\varphi_i(t)' \sum\limits_i \varphi_i(t) - \varphi_i(t) \left(\sum\limits_i \varphi_i(t)\right)'}{\left(\sum\limits_i \varphi_i(t)\right)^2} \\
&= \frac{\varphi_i(t)}{\sum\limits_i \varphi_i(t)} \cdot \frac{\dfrac{\varphi_i(t)'}{\varphi_i(t)} \sum\limits_i \varphi_i(t) - \left(\sum\limits_i \varphi_i(t)\right)'}{\sum\limits_i \varphi_i(t)} \\
&= \theta_i(t) \cdot \left(u(s_i, \theta_i(t))\right) - \bar{u}(\theta(t), \theta(t))
\end{aligned}$$

即

$$\theta_i' = \theta_i \cdot \left(u(s_i, \theta) - \bar{u}(\theta_i, \theta_i)\right) \tag{8-5}$$

公式（8-5）表示选择 $s_i$ 策略的个体的比例变化率与选择该策略的个体的比例成正比，与选择该策略的个体的期望收益和总体平均期望收益之差成正比。同时，构成这种比例动态变化速度的主要因素就是参与个体的学习模仿速度。然而参与个体的学习模仿速度主要由模仿对象的数量和模仿对象的成功度来衡量。

## 8.3 对称条件下的快速信任演化模型

### 8.3.1 对称条件下的快速信任模型

假设在人道物流中，将所有救援组织看作是一个大的群体，但是其数量有限，其中，只有群体规模足够大，才能忽略个体当前的行为对其他个体未来的行为的影响，即，在下一个变异发生之前，群体总是能调整到原来的状况。同时假设所有参与个体都是无差别的，那么在有限理性个体之间进行的随机配对博弈，即为博弈位置无差异的两人对称博弈。同时处于稳定状态的群体对应一个特定的纯策略 $s_i$，$S$ 为参与者的策略集合，且 $S=\{s_1, s_2\}=\{信任，不信任\}$；由于人道物流的特殊性、救援工作的复杂性和高难度性，救援团队成员面对巨大的不确定性，承担风险的意愿也就不同。成员承担风险的意愿越强，在救援中就会采取更积极主动的行为来回应，就表示对他人信任的意愿越强，对他人的依赖性就越强，而带来的风险损失也就越大；同时承担风险的意愿越低，面对不确定性高的事件，就不会采取积极主动的承担行为，而由此产生的收益或损失也就越小。所以承担风险的意愿是指团队成员对不确定性带来的风险的承受度。因为在救援中，各组织成员背景复杂，彼此之间几乎没有交往经验，因此很难判断对方的风险偏好。所以，本模型中以承担风险的意愿为因子，来衡量团队成员间的风险承担能力对快速信任的影响。

假设因信任行为而产生救援的收益或损失是可以计算的；又因为个体是无差别的，所以假设个体独自采取救援行动时所产生的救援收益也是相同的。为使下文表达清楚，现引入符号表 8-2。

表 8-2 符号表

| 符 号 | 含 义 |
| --- | --- |
| $\gamma$ | 表示个体的承担风险的意愿 |
| $k$ | 控制变量，$k \in (0, 1)$ |
| $w$ | 因风险而带来的救援损失 |
| $c$ | 因信任行为带来的额外救援收益 |
| $g$ | 因风险带来的救援收益 |
| $v$ | 个体独自采取救援行动时，所产生的救援收益 |

在群体中进行随机抽取配对博弈时，每个个体都可能碰上采取同样策略的对手，或者是采取不同策略的对手，随之带来的收益也就不同，现分为以下几种情况：

（1）双方都选择信任策略。人道物流的最终目的是以最快的速度最大限度地帮助受灾群众，所以在救援中，各组织成员可能因为怀着同样的信念，最大限度地相互信任。此时，他们之间的相互依赖度会影响个体的救援产生的收益，即个体 $A$ 的收益随着个体 $B$ 的行为的变化而变化，同时个体 $A$ 的行为会影响个体 $B$ 的收益，从而产生双方收益的变动。$\gamma$ 表示个体承担风险的意愿。当一方对另一方产生信任行为时，认为同时对另一方也产生依赖关系，而此时就要承担对方行动带来的风险。个体承担风险的意愿越强，那么就更愿意选择相信他人，而带来的收益和损失也就越大。当双方都采取信任策略时，个体 $A$ 和个体 $B$ 在相互信任时产生的收益分为三部分，一部分是参与个体独自救援时产生的收益 $v$，与因对方的积极协调配合而产生的额外收益，而其中个体所获得额外收益是个体因为承担风险的意愿更大，越愿意冒险，而同时对方也采取的积极行动，从而产生了一部分的风险收益 $\gamma g$，及个体因为采取信任行为，而带来的附加收益。比如，个体因为良好的信任行为而获得更多的救援资源或是媒体关注，从而带来的附加收益 $c$。所以当双方都采取信任策略时，个体收益为 $v+\gamma g+c$。

（2）一方选择信任策略而另一方选择不信任策略。由于灾难发生的突然性和需求的不确定性，及救援组织成员的复杂性，在人道物流中，救援组织成员间背景不同、陌生感强，又因为缺乏合作历史经验，在救援过程中，会产生双方的不对等信任行为，双方会因为策略不同而得到不同的收益。

① 此时，对于选择信任策略的一方而言，除了得到自己独自救援产生的收益外 $v$，还有会因为对方采取不信任策略，而不积极协调配合而带来的协调配合的效率低下，造成的救援损失 $\omega$，也就是信任方因为采取信任策略而带来的风险损失 $\gamma\omega$。同时，个体因为采取信任行为，也同样带来了附加收益 $c$。所以，信任方的收益即为 $v-\gamma\omega+c$。

② 选择不信任策略的个体，却因为对方的信任行为而带来搭便车效益，该收益与对方的风险承担意愿相关，当对方承担风险的意愿越大，对方的投入就越大，而产生的搭便车收益就越大。但是，搭便车行为带来的收益

不会大于给对方带来的损失，所以引入控制变量 $k$ 控制搭便车行为带来的收益。个体采取的不信任策略，同样会带来一部分负面效应。比如，个体因此而失去原有的合作伙伴，或者对个体的声誉等造成负面影响。这里假定个体因信任行为和不信任行为带来的额外收益和损失相同，都为 $c$，则采取不信任策略时的收益为 $v+\gamma k\omega-c$。

（3）双方都不选择信任策略。此时，因为双方都没有承担风险的意愿，互不信任，而无法进行协调配合，没有提高救援效率，从而没有获得额外的救援收益。因此双方的收益均为各自独自救援时的收益，即为 $v$，以及各自不信任行为带来的损失 $c$。此时的收益为 $v-c$。

由此可得，一次博弈中个体得到的收益支付矩阵 $U$，其值如表 8-3 所示。

表 8-3　一次博弈的支付矩阵

|  | 信　任 | 不信任 |
|---|---|---|
| 信　任 | $v+\gamma g+c$ | $v-\gamma\omega+c$ |
| 不信任 | $v+\gamma k\omega-c$ | $v-c$ |

## 8.3.2　演化稳定策略及演化动力学分析

在由救援成员构成的群体中，设 $\theta(t)=\{\theta_1(t)，\theta_2(t)\}$ 表示该时刻所处的混合策略，其中 $\theta_1(t)$ 为选择信任策略 $s_1$ 的个体数比例，$\theta_2(t)$ 为选择不信任策略 $s_2$ 的个体数比例，且 $\theta_2(t)=1-\theta_1(t)$，以下简记 $\theta_1(t)$ 为 $\theta$。

由公式（8-2）得出，在时刻 $t$ 选择信任策略的个体的期望收益为

$$u\left(s_1,\theta(t)\right)=\theta(v+\gamma g+c)+(1-\theta)(v-\gamma w+c) \tag{8-6}$$

选择不信任策略的个体的期望收益为

$$u\left(s_2,\theta(t)\right)=\theta(v+\gamma kw-c)+(1-\theta)(v-c) \tag{8-7}$$

由公式（8-3）得到整个种群的平均期望收益为

$$\bar{u}\left(\theta(t),\theta(t)\right)=\theta u\left(s_1,\theta(t)\right)+(1-\theta)u\left(s_2,\theta(t)\right) \tag{8-8}$$

因此得到人道物流快速信任的复制动态方程为

$$\theta' = F(\theta) = \theta\big(u\big(s_1, \theta(t)\big) - \overline{u}\big(\theta(t), \theta(t)\big)\big)$$
$$= \theta(1-\theta)\big[\theta\big(\gamma g - \gamma kw + \gamma w\big) + 2c - \gamma w\big] \tag{8-9}$$

令 $F(\theta) = 0$，即可求得所有的复制动态的策略均衡点，解得

$$\theta_1^* = 0$$

$$\theta_2^* = 1$$

$$\theta_3^* = (\gamma w - 2c) / (\gamma g - \gamma kw + \gamma w)$$

其中 $\theta_3^*$ 表示的稳定状态可能与 $\theta_1^*$ 和 $\theta_2^*$ 表示的稳定状态相同。然而并不是所有策略均衡点都具有稳定性。即使处于某个均衡点的位置，参与博弈的个体通过学习找到了最好的策略，但是个体仍然可能偏离上述复制动态的某些均衡策略，所以需要讨论这些均衡点是否具有演化稳定性。根据演化稳定策略，一个均衡点必须对微小的扰动具有稳健性，才能称为稳定点。即作为稳定策略的点 $\theta^*$，除其本身必须是均衡状态以外，还必须具有以下性质，即如果群体中所有参与个体都采取了点 $\theta^*$ 时的策略，该策略所获得收益必须大于可能出现的突变策略所获的收益。如果某些参与个体由于偶然的错误偏离了均衡策略，而选择了其他策略，随着博弈的不断进行，参与个体最终会淘汰收益小的突变策略，选择最初的稳定策略。

假设一个稳定的群体中，在稳定点 $\theta^*$ 时的策略 $I$ 为稳定策略，此时参与个体由于偶然错误，选择了的突变策略 $J$，假设比例为 $p$，且

$P \leqslant 1$。$E(I, I)$ 表示博弈双方都采取策略 $I$ 时的期望收益，则选择 $I$ 时的收益为

$$W(I) = (1-p)E(I, I) + pE(I, J) \tag{8-10}$$

选择策略 $J$ 时的收益为

$$W(J) = (1-p)E(J, I) + pE(J, J) \tag{8-11}$$

根据演化稳定策略的性质

$$E(I,I) \geqslant E(J,I) \text{且} E(I,J) > E(J,J)$$

那么，当 $W(I) > W(J)$ 时，选择突变策略 $J$ 的参与个体最终会选择收益更高的稳定策略 $I$。

用微分方程表示，有 $F'(\theta^*) < 0$ ，当 $\theta < \theta^*$ 时，$\mathrm{d}\theta/\mathrm{d}t = F(\theta) > 0$ ；当 $\theta > \theta^*$ 时，$\mathrm{d}\theta/\mathrm{d}t = F(\theta) < 0$ 。

定理 8-1    若 $0 < -\gamma g + \gamma kw < 2c < \gamma w$ ，则 $\theta^*_1 = 0$ 和 $\theta^*_2 = 1$ 均是该快速信任模型的演化稳定策略，且 $p(s_1) < p(s_2)$ ，其中 $p(s_1)$ 和 $p(s_2)$ 分别表示人道救援群体中选择信任和不信任策略的概率。

证明：

$$
\begin{aligned}
F'(\theta) &= \mathrm{d}F(\theta)\big/\mathrm{d}\theta \\
&= -3\theta^2(\gamma g - \gamma kw + \gamma w) + 2\theta(\gamma g - \gamma kw + 2\gamma w - 2c) + 2c - \gamma w
\end{aligned}
\tag{8-12}
$$

当 $\theta^*_1 = 0$ 时，$F'(0) = 2c - \gamma w < 0$

当 $\theta^*_2 = 1$ 时，$F'(1) = -\gamma g + \gamma kw - 2c < 0$

所以，$\theta^*_1 = 0$ 和 $\theta^*_2 = 1$ 均是该快速信任模型的演化稳定点。

因为 $0 < -\gamma g + \gamma kw < 2c < \gamma w$ ，所以 $\theta^*_3 = (\gamma w - 2c)\big/(\gamma g - \gamma kw + \gamma w) > 1/2$ ，则 $p(s_1) < p(s_2)$

即，群体中选择不信任策略的概率大于选择信任策略的概率。此时群体的信任复制动态图如图 8.2 所示。

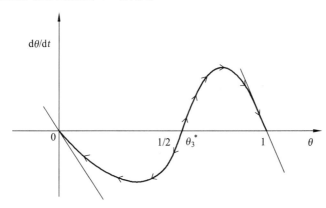

图 8.2    对称博弈复制动态相位图

定理 8-1 表明：当参与博弈的个体 1 选择信任策略时，个体 2 所获得收益为 $u(s_2) = (v+\gamma g+c) - (v+\gamma kw-c) > 0$，此时个体 2 选择信任策略的收益大于选择不信任策略的收益；当参与博弈的个体 1 选择不信任策略时，个体 2 所获得的收益为 $u(s_2) = (v-\gamma w+c) - (v-c) < 0$，此时个体 2 选择不信任策略的收益大于选择信任策略的收益。当选择信任策略个体的初始比例 $\theta$ 在 $(0, \theta^{*}_3)$ 范围时，复制状态趋势趋向于 $\theta^{*}_1 = 0$，即群体趋向于不信任策略；当选择信任策略个体的初始比例 $\theta$ 在 $(\theta^{*}_3, 1)$ 范围时，复制状态趋势趋向于 $\theta^{*}_1 = 1$，即群体趋向于信任策略。

定理 8-2　若 $2c - \gamma w < 0$，$-\gamma g + \gamma kw - 2c > 0$，则 $\theta^{*}_1 = 0$ 是该快速信任模型的演化稳定策略。

证明：

$$F'(\theta) = dF(\theta)/d\theta$$
$$= -3\theta^2(\gamma g - \gamma kw + \gamma w) + 2\theta(\gamma g - \gamma kw + 2\gamma w - 2c) + 2c - \gamma w$$

当 $\theta^{*}_1 = 0$ 时，$F'(0) = 2c - \gamma w < 0$

当 $\theta^{*}_2 = 1$ 时，$F'(1) = -\gamma g + \gamma kw - 2c > 0$

所以，$\theta^{*}_1 = 0$ 是该快速信任模型的演化稳定点。

因为 $2c - \gamma w < 0, -\gamma g + \gamma kw - 2c > 0$，

所以 $\theta^{*}_3 = (\gamma w - 2c)/(\gamma g - \gamma kw + \gamma w) < 0$，则此时 $\theta^{*}_3$ 无意义。此时群体的信任复制动态图如图 8.3 所示。

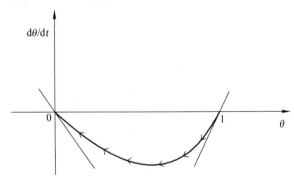

图 8.3　对称博弈复制动态相位图

定理 8-2 表明：当参与博弈的个体 1 选择信任策略时，个体 2 所获得收益为 $u(s_2) = (v+\gamma g+c) - (v+\gamma kw-c) < 0$，此时个体 2 选择不信任策略的收

益大于选择信任策略的收益；当参与博弈的个体 1 选择不信任策略时，个体 2 所获得的收益为 $u(s_2)=(v-\gamma w+c)-(v-c)<0$，此时个体 2 选择不信任策略的收益大于选择信任策略的收益。当选择信任策略个体的初始比例 $\theta$ 在（0，1）时，复制状态趋势趋向于 $\theta^*_1=0$，即群体趋向于不信任策略。

定理 8-3  若 $2c-\gamma w>0$，$-\gamma g+\gamma kw-2c<0$，则 $\theta^*_2=1$ 是该快速信任模型的演化稳定策略。

证明：

$$F'(\theta)=dF(\theta)/d\theta$$
$$=-3\theta^2(\gamma g-\gamma kw+\gamma w)+2\theta(\gamma g-\gamma kw+2\gamma w-2c)+2c-\gamma w$$

当 $\theta^*_1=0$ 时，$F'(0)=2c-\gamma w>0$

当 $\theta^*_2=1$ 时，$F'(1)=-\gamma g+\gamma kw-2c<0$

所以，$\theta^*_2=1$ 是该快速信任模型的演化稳定点。此时群体的信任复制动态图如图 8.4 所示。

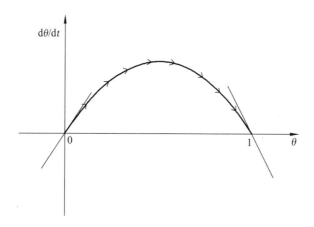

图 8.4  对称博弈复制动态相位图

定理 8-3 表明：当参与博弈的个体 1 选择信任策略时，个体 2 所获得收益为 $u(s_2)=(v+\gamma g+c)-(v+\gamma kw-c)>0$，此时个体 2 选择信任策略的收益大于选择不信任策略的收益；当参与博弈的个体 1 选择不信任策略时，个体 2 所获得的收益为 $u(s_2)=(v-\gamma w+c)-(v-c)>0$，此时个体 2 选择信任策略的收益大于选择不信任策略的收益。当选择信任策略个体的初始比例 $\theta$

在（0，1）时，复制状态趋势趋向于 $\theta^*_1=1$，即群体趋向于信任策略。

定理 8-4　若 $2c-\gamma w>0$，$-\gamma g+\gamma kw-2c>0$，则此时 $\theta^*_1$，$\theta^*_2$，$\theta^*_3$ 是均衡状态点，该模型没有演化稳定点。

证明：

$$F'(\theta)=dF(\theta)/d\theta$$
$$=-3\theta^2(\gamma g-\gamma kw+\gamma w)+2\theta(\gamma g-\gamma kw+2\gamma w-2c)+2c-\gamma w$$

当 $\theta^*_1=0$ 时，$F'(0)=2c-\gamma w>0$

当 $\theta^*_2=1$ 时，$F'(1)=-\gamma g+\gamma kw-2c>0$

所以，该快速信任模型不存在演化稳定状态。

定理 8-5　当满足定理 8-1 时，即 $0<-\gamma g+\gamma kw<2c<\gamma w$，

$$\theta^*_3=\frac{2c-\gamma w}{-\gamma g+\gamma kw-\gamma w}=\frac{w}{g-kw+w}-\frac{2c}{g-kw+w}\cdot\frac{1}{\gamma} \qquad (8-13)$$

$\theta^*_3$ 是关于的 $\gamma$ 反比例函数，根据反比例函数的性质，此时 $-\dfrac{2c}{g-kw+w}<0$，则，此时 $\theta^*_3$ 随着 $\gamma$ 增大而增大，在图像上即表示向右移动，则不信任策略的概率区间随之增大。如图 8.5 所示。

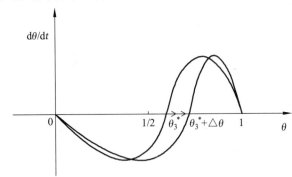

图 8.5　对称博弈复制动态相位图

证明：

在满足定理 8-1 的同时，给 $\gamma$ 增大 $\varepsilon$ 即 $\gamma_1=\gamma+\varepsilon$，则此时 $\theta^*_3$ 也随之增大，有

$$\Delta\theta=\frac{2c}{g-kw+w}\left(\frac{\varepsilon}{\gamma(\gamma+\varepsilon)}\right)>0$$

根据定理 8-5，在（0，$\theta^*_3$）内，复制动态趋向于 $\theta^*_1$=0，即群体趋向于不信任策略；而当 $\theta^*_3$ 增大到 $\theta^*_3$+$\Delta\theta$ 时，概率区间也相应增大到（0，$\theta^*_3$ +$\Delta\theta$），即个体选择不信任策略的概率区间也随之增大，而此区间内群体的趋向于选择不信任策略，所以选择不信任策略的概率增大；同理，而选择信任策略个体的初始比例 $\theta$ 在（$\theta^*_3$，1）时，复制状态趋势趋向于 $\theta^*_2$=1，而（$\theta^*_3$ +$\Delta\theta$，1）的区间与原区间相比，缩小了 $\Delta\theta$，即群体趋向于信任策略的概率区间减小，则选择信任策略的概率区间减小。

定理 8-6　当满足定理 8-3 时，同时即 $\gamma w < -\gamma g+\gamma kw < 2c$，此时 $\theta^*_3$ 随着 $\gamma$ 增大而减小，在图像上即表示向左移动，即群体向信任趋向的加速度也随之增大，则趋向信任的速度也就增大。而 $\theta^*_3$ 是均衡点，所以在（0，$\theta^*_3$），群体趋向信任的速度快于在（$\theta^*_3$，1）区间内。如图 8.6 所示。

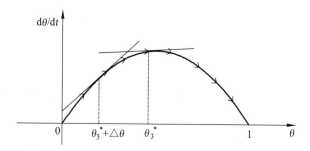

图 8.6　对称博弈复制动态相位图

证明：

给 $\gamma$ 增大 $\varepsilon$ 即 $\gamma_1 = \gamma+\varepsilon$

$$\Delta\theta^*_3 = \frac{2c}{g-kw+w}\left(\frac{\varepsilon}{\gamma(\gamma+\varepsilon)}\right) < 0$$

$$\theta^*_3 = \frac{2c-\gamma w}{-\gamma g+\gamma kw-\gamma w} = \frac{w}{g-kw+w} - \frac{2c}{g-kw+w}\cdot\frac{1}{\gamma}$$

由于 $\theta^*_3$ 是关于的 $\gamma$ 反比例函数，此时 $-\dfrac{2c}{g-kw+w} > 0$，根据反比例函数的性质，则此时也随之 $\theta^*_3$ 减小，即向左移动，则移动后该点的曲线的斜率也随之增大，表明此时，群体向信任趋向的加速度增大，则向信任趋向的速度也随之加快。所以从（0，$\theta^*_3$）内减小到（0，$\theta^*_3+\Delta\theta^*_3$）时，群体趋向信任的速度也随之减小而加快；在（$\theta^*_3+\Delta\theta^*_3$，1）区间内，信任趋向的加速度也相应增大，但是该区间内群体趋向信任的加速度较为平缓，所以增加速度的幅度较小，群体趋向信任的速度的增加较慢。

### 8.3.3 促进快速信任的演化稳定机制

通过前面的定理发现参数变化对演化结果有着显著的影响，具体如下：

（1）风险承担的意愿 $\gamma$

① 当 $\theta^*_1=0$ 和 $\theta^*_2=1$ 都是稳定点时：

这时，$2c < \gamma w$ 且 $2c > \gamma kw - \gamma g$，信任与不信任都是救援组织的演化稳定策略。$\theta^*_3$ 随着 $\gamma$ 增大而增大。即当救援组织相互信任而获得的额外救援收益之和小于因单方面信任而带来的风险损失，同时大于单方面信任而带来的风险损失与风险收益之差时，风险承担的意愿 $\gamma$ 越大，救援组织合作意愿越大，但是，选择不信任策略的概率区间随之增大，系统就会向不信任策略演化。

② 当 $\theta^*_1=0$ 是不稳定点而 $\theta^*_2=1$ 是稳定点时：

这时，$2c > \gamma w$ 且 $2c > \gamma kw - \gamma g$，只有信任是救援组织的演化稳定策略。$\theta^*_3$ 随着 $\gamma$ 增大而减小。即当救援组织相互信任而获得的额外救援收益之和大于因单方面信任而带来的风险损失，同时大于单方面信任而带来的风险损失与风险收益之差时，风险承担的意愿 $\gamma$ 越大，救援组织合作意愿越大，选择信任策略的概率区间随之增大，系统就会向信任策略演化。

所以提高救援组织承担风险的意愿 $\gamma$ 对是否能够促进信任是有条件的。

（2）因信任而获得的额外收益 $c$，因单方面信任而受到的风险损失 $w$

当提高 $c$，减少 $w$ 时，有利于实现 $2c > \gamma w$ 且 $2c > \gamma kw - \gamma g$。$\theta^*_3$ 随着 $\gamma$ 增大而减小，能够使得 $\theta^*_3$ 向左方移动，双方采取信任策略的可能性就会增加，系统会趋向于信任策略的稳定均衡状态。

（3）控制变量 $k$

当 $2c > \gamma w$ 时，用控制变量 $k$ 控制搭便车行为带来的收益，有利于实现 $2c > \gamma kw - \gamma g$。即通过社会规范和制度来减少 $k$，减少因单方面信任而遭受的损失，$\theta^*_3$ 随着 $\gamma$ 增大而减小，能够使得 $\theta^*_3$ 向左方移动，双方采取信任策略的可能性就会增加，系统会趋向于信任策略的稳定均衡状态。

# 8.4 非完全信息条件下的动态博弈

## 8.4.1 模型假设

在复杂的救灾网络中，来自不同机构、不同地区的各种救援组织非常多，救灾组织的博弈也不仅限于双方初始博弈、圆周博弈等形式。实际的情况会非常复杂，可能在某个救援区域内，某个救援组织要与多个救援组织同时展开合作。因此当多个组织与多个组织进行博弈的时候，假设在某个救援区域内的救援组织群体中，供需双方分为两个群体，双方都存在多个救援组织开展救援活动。因为在救援组织群体中多个组织之间进行博弈的时候，每个组织拥有的资源和能力是不一样的，每次合作的组织的规模和能力是不对等的、不确定的，这种情况下的博弈分析属于非完全信息条件下的动态博弈。

假设人道物流中参与救援的群体机构为两个不同的群体 $A$ 和群体 $B$，重复在两个群体中各随机抽取一个个体进行配对博弈。此时参与博弈的个体的学习和策略模仿只局限其所在群体内部，仍然采用复制动态方程进行博弈中的策略调整。其中每个处于稳定状态的个体对应一个特定的纯策略 $s_i$，记 $S$ 为参与者的策略集合 $S=\{s_1, s_2\}=\{信任\ T，不信任\ N\}$。

因为群体 $A$ 和群体 $B$ 是两个不同的群体，其选择信任策略而产生的收益也因为规模、背景等因素的不同而有差异，同理，其因对方选择不信任策略而造成的损失也不相同，因此这里将分别假设。假设博弈时，一方选择信任策略而另一方选择不信任策略时，双方将继续协调配合，只是存在协调配合不佳而造成的损失。因此，在这里建立新的博弈支付矩阵，设 $r_i$ 和 $r_j$ 为群体 $A$ 和群体 $B$ 选择不信任（$N$）策略的基本收益，$c_i$ 和 $c_j$ 分别为群体 $A$ 和群体 $B$ 单方面选择信任（$T$）策略的成本，$w_i$ 和 $w_j$ 分别为群体 $A$ 和群体 $B$ 单方面选择不信任（$N$）策略额外的收益，$\Delta r_i$ 和 $\Delta r_j$ 为群体 $A$ 和群体 $B$ 选择信任（$T$）策略增加的收益，如表 8-4 所示。

表 8-4　博弈双方的支付矩阵

| | | 群体 $B$ | |
|---|---|---|---|
| | | 信任（$T$） | 不信任（$N$） |
| 群体 $A$ | 信任（$T$） | $r_i+\Delta r_i,\ r_j+\Delta r_j$ | $r_i-c_i,\ r_j+w_j$ |
| | 不信任（$N$） | $r_i+w_i,\ r_j-c_j$ | $r_i,\ r_j$ |

## 8.4.2　模型分析

假设群体 $A$ 中选择信任策略的个体的比例是 $p$，选择不信任策略的个体的比例为 $1-p$；群体 $B$ 中选择信任策略的个体的比例为 $q$，选择不信任策略的个体的比例为 $1-q$；。

群体 $A$ 中选择信任策略和不信任策略的个体的期望收益分别为

$$u_A(s_1)=q(r_i+\Delta r_i)+(1-q)(r_i-c_i)$$

$$u_A(s_2)=q(r_i+w_i)+(1-q)r_i$$

得群体 $A$ 中个体的平均期望收益为

$$\overline{u_A}=pu_A(s_1)+(1-p)u_A(s_2)$$

同理，群体 $B$ 中选择信任策略和不信任策略的个体的期望收益分别为

$$u_B(s_1)=p(r_j+\Delta r_j)+(1-p)(r_j-c_j)$$

$$u_B(s_2)=p(r_j+w_j)+(1-p)r_j$$

得群体 $B$ 中个体的平均期望收益为

$$\overline{u_B}=qu_B(s_1)+(1-q)u_B(s_2)$$

根据复制动态方程思想，当策略的增长率和它的相对适应度相等时，只要选择某种策略的个体收益高于群体的平均收益，那么该群体中采用选择该策略的个体数量就会增加。因此，对于群体 $A$ 和群体 $B$，可以分别建立群体 $A$ 和群体 $B$ 选择信任策略的复制动态方程，联立得到由群体 $A$ 和群体 $B$ 组成的二维演化动力系统为

$$\begin{cases} \mathrm{d}p/\mathrm{d}t = p\left(u_A(s_1) - \overline{u_A}\right) \\ \mathrm{d}q/\mathrm{d}t = q\left(u_B(s_1) - \overline{u_B}\right) \end{cases} \tag{8-14}$$

化简为

$$\begin{cases} \mathrm{d}p/\mathrm{d}t = p(1-p)\left(q(\Delta r_i + c_i - w_i) - c_i\right) \\ \mathrm{d}q/\mathrm{d}t = q(1-q)\left(p(\Delta r_j + c_j - w_j) - c_j\right) \end{cases} \tag{8-15}$$

显然，当任意给定的初始值 $(p(0), q(0)) \in [0, 1] \times [0, 1]$，都存在相应的 $(p(t), q(t)) \in [0, 1] \times [0, 1]$，所以对于演化博弈的任何一个混合策略而言，复制系统的曲线上均有与其对应的一点。

$$\begin{cases} \mathrm{d}p/\mathrm{d}t = 0 \\ \mathrm{d}q/\mathrm{d}t = 0 \end{cases}$$

求得系统的 5 个平衡点，即

$$E_1 = (0,0), \quad E_2 = (0,1), \quad E_3 = (1,0), \quad E_4 = (1,1)$$

$$E_5 = \left(\frac{c_j}{\Delta r_j + c_j - w_j}, \frac{c_i}{\Delta r_i + c_i - w_i}\right) = (p^*, \ q^*)$$

与信息对称条件下的演化博弈相同，所求得的 5 个平衡点，并不都是演化稳定策略，而需要根据非线性微分方程的稳定性定理来进一步判断 5 个平衡点的李雅普诺夫稳定性。下面将分别讨论 5 个平衡点的稳定性。

（1）$E_1$（0，0）

相应的线性近似方程组为：$\begin{cases} dp/dt = -pc_i \\ dq/dt = -qc_j \end{cases}$，且非线性项满足李氏条件。

线性部分的特征根分别是 $\lambda_1 = -c_i$，$\lambda_2 = -c_j$，由于全部特征根都是非正的，所以 $E_1$（0，0）是稳定点。

（2）$E_2$（0，1）

设 $X = p$，$Y = q - 1$。相应的线性近似方程组为：$\begin{cases} dX/dt = X(\Delta r_i - w_i) \\ d(Y+1)/dt = Yc_j \end{cases}$，

且非线性项满足李氏条件。线性部分的特征根分别是 $\lambda_1 = \Delta r_i - w_i$，$\lambda_2 = c_j$，由于至少有一个特征根为正的，所以 $E_2$（0，1）是不稳定点。当 $\Delta r_i < w_i$ 时，两个特征根为异号实根，所以 $E_2$（0，1）是鞍点。

（3）$E_3$（1，0）

设 $X = p - 1$，$Y = q$。相应的线性近似方程组为：$\begin{cases} d(X+1)/dt = Xc_i \\ dY/dt = Y(\Delta r_j - w_j) \end{cases}$，

且非线性项满足李氏条件。线性部分的特征根分别是 $\lambda_1 = c_i$，$\lambda_2 = \Delta r_j - w_j$，由于至少有一个特征根为正，所以 $E_3$（1，0）是不稳定点。当 $\Delta r_j < w_j$ 时，两个特征根为异号实根，所以 $E_3$（1，0）是鞍点。

（4）$E_4$（1，1）

设 $X = p - 1$，$Y = q - 1$。相应的线性近似方程组为：

$$\begin{cases} d(X+1)/dt = -X(\Delta r_i - w_i) \\ d(Y+1)/dt = -Y(\Delta r_j - w_j) \end{cases}$$

且非线性项满足李氏条件。线性部分的特征根分别是 $\lambda_1 = -(\Delta r_i - w_i)$，$\lambda_2 = -(\Delta r_j - w_j)$。

分类讨论如下：

① 当 $\Delta r_i > w_i$ 且 $\Delta r_j > w_j$，由于全部特征根都是非正的，所以 $E_4(1, 1)$ 是稳定点。

② 当 $\Delta r_i < w_i$ 或 $\Delta r_j < w_j$，由于至少有一个特征根为正，所以 $E_4(1, 1)$ 是不稳定点。

(5) $E_5(p^*,\ q^*)$

设 $X = p - p^*$，$Y = q - q^*$，$A = \Delta r_i + c_i - w_i$，$B = -c_i$，$C = \Delta r_j + c_j - w_j$，$D = -c_j$。

相应的线性近似方程组为：

$$\begin{cases} d(X+q^*)/dt = -(AD/C + AD^2/C^2)Y \\ d(Y+p^*)/dt = -(BC/A + B^2C/A^2)X \end{cases}$$

且非线性项满足李氏条件。线性部分的特征根分别是：

$$\lambda = \pm\sqrt{c_ic_j\left(1 - \frac{c_j}{\Delta r_j + c_j - w_j}\right)\left(1 - \frac{c_i}{\Delta r_i + c_i - w_i}\right)} = \pm\sqrt{c_ic_j(1 - q^*)(1 - p^*)}$$

分类讨论如下：

① 当 $\Delta r_i + c_j < w_i$ 或 $\Delta r_j + c_j < w_j$，此时 $E_5$ 为小于零的点，在此处无意义。

② 当 $\Delta r_i < w_i$ 或 $\Delta r_j < w_j$，此时特征根的根号内为负数，在此处无意义。

③ 当 $\Delta r_i + c_j > w_i$ 且 $\Delta r_j + c_j > w_j$，$\lambda_1$，$\lambda_2$ 为异号实根，所以 $E_5(p^*,q^*)$ 是鞍点。

由此分析可得，$E_2(0,1)$ 和 $E_3(1,0)$ 是不稳定点，$E_1(0,0)$ 是稳定点，同时在一定的条件下，$E_4(1,1)$ 是稳定点以及 $E_5(p^*,q^*)$ 是鞍点。在图 8.7 中（见下页），两个不稳定点 $E_2$、$E_3$ 和鞍点 $E_5$ 组成的折线是系统收敛于不同状态的分界线，在 $E_2E_5E_3$ 连线的右上方，整个救援组织的群体收敛于信任($T$)策略的均衡状态，在 $E_2E_5E_3$ 连线的左下方，整个救援组织的群体趋向于不信任($N$)策略的状态。

救援组织除了在初始状态选择行为策略外，救援组织的策略还要经过一定的时间才能演化到稳定状态。$E_1(0,0)$ 和 $E_4(1,1)$ 都是进化稳定状态，在其中任何一种状态下，采用另一种策略的救援组织都将在进化中消失。到底会沿着哪个路径演化到哪个状态与支付参数有关。这些支付参数通过收益与成本的比较来影响救援组织调整过程中的博弈行为，使系统达到信任状态的概率增加。

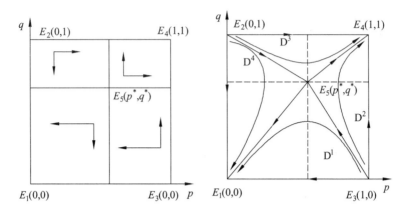

图 8.7　快速信任复杂动态的系统相图

### 8.4.3　参数变化对演化结果的影响

根据图 8.7 的系统相图,探讨各个参数的变化对于快速信任演化发展的影响。

（1）由于 $E_2(0,1)$ 和 $E_3(1,0)$ 是不稳定点,$E_1(0,0)$ 是稳定点。当 $\Delta r_i < w_i$ 或 $\Delta r_j < w_j$ 时,$E_4(1,1)$ 是不稳定点。即,当 $\Delta r_i < w_i$ 或 $\Delta r_j < w_j$ 时,任意救援组织的单方面不信任额外的收益大于救援组织均信任增加的收益时,双方博弈的结果是：无论合作方采取何种策略,该救援组织最终选择的稳定演化策略为不信任($N$)。

（2）当 $\Delta r_i > w_i$ 且 $\Delta r_j > w_j$ 时,只有 $E_4(1,1)$ 是稳定点。即救援组织均信任增加的收益大于单方面不信任额外的收益,双方博弈的结果是：救援组织选择信任($T$)策略的概率位于 $E_2E_5E_3$ 连线的右上方时,该救援组织最终选择的稳定演化策略为信任。救援组织选择信任($T$)策略的概率位于 $E_2E_5E_3$ 连线的左下方时,该救援组织最终选择的稳定演化策略为不信任。

当 $\Delta r_i > w_i$ 且 $\Delta r_j > w_j$ 时,还有以下三种情况。

（3）如果救援组织 $B$ 选择信任($T$)策略的成本增加,或者选择信任($T$)策略额外的效益减少,即 $\Delta r_j < c_j$,同时救援组织 $A$ 选择信任($T$)策略的成本减少,或者选择信任($T$)策略额外的效益增加,即 $\Delta r_i > c_i$。则可以出现两种情况：

① 当 $\dfrac{\Delta r_j - w_j}{\Delta r_j + c_j - w_j} > \dfrac{c_i}{\Delta r_i + c_i - w_i}$ 时，这时的鞍点在 $D^1$ 内，该系统就会向不信任($N$)策略的状态进行演化，并最终趋向于平衡点 $E_1(0,0)$，即博弈双方不能都达成信任($T$)策略的稳定状态。

② 当 $\dfrac{\Delta r_j - w_j}{\Delta r_j + c_j - w_j} < \dfrac{c_i}{\Delta r_i + c_i - w_i}$ 时，这时的鞍点在 $D^2$ 内，该系统就会向信任($T$)策略的状态进行演化，并最终趋向于平衡点 $E_4(1,1)$，即博弈双方都达成信任($T$)策略的稳定状态。

（4）如果救援组织 $B$ 选择信任($T$)策略的成本降低，或者选择信任（$T$）策略额外的效益增加，即 $\Delta r_j > c_j$，同时救援组织 $A$ 选择信任($T$)策略的成本增加，或者选择信任($T$)策略额外的效益减少，即 $\Delta r_i < c_i$。则可以出现两种情况：

① 当 $\dfrac{\Delta r_j - w_j}{\Delta r_j + c_j - w_j} < \dfrac{c_i}{\Delta r_i + c_i - w_i}$ 时，这时的鞍点在 $D^3$ 内，该系统就会向信任($T$)策略的状态进行演化，并最终趋向于平衡点 $E_4(1,1)$，即博弈双方都达成信任($T$)策略的稳定状态。

② 当 $\dfrac{\Delta r_j - w_j}{\Delta r_j + c_j - w_j} > \dfrac{c_i}{\Delta r_i + c_i - w_i}$ 时，这时的鞍点在 $D^4$ 内，该系统就会向不信任($N$)策略的状态进行演化，并最终趋向于平衡点 $E_1(0,0)$，即博弈双方不能都达成信任($T$)策略的稳定状态。

（5）如果救援组织选择信任($T$)策略增加额外的效益高于选择信任($T$)策略的成本，即 $\Delta r_i > c_i$ 且 $\Delta r_j > c_j$ 时，也就是任意救援组织选择信任($T$)策略额外的效益增加，同时选择信任($T$)策略的成本降低，则鞍点 $E_5(p^*,q^*)$ 会向左下方移动，在 $E_2 E_5 E_3$ 连线的右上方区域逐渐扩大，整个系统会向信任($T$)策略的稳态演化的概率越大，最终稳定于平衡点 $E_4(1,1)$ 的概率越大，越来越多的救援组织会选择稳定的合作状态，会采用信任($T$)策略，形成信任度的均衡状态。

综上所述，通过不同情况的分析可以看到：参数 $\Delta r_i$，$c_i$，$w_i$，$\Delta r_j$，$c_j$，$w_j$ 的相对变化关系，使得系统演化具有明显的路径依赖性。但是如果参数在一定的范围内，系统演化的结果未必都能达到帕累托最优。

### 8.4.4 促进快速信任的演化稳定机制

前面通过对救灾区域内的多个救援组织群体的信任博弈的讨论，得到了不同情况下的信任的演化路径。然而，在救灾过程中，信任的快速达成能够及时地为灾民提供物资、减轻痛苦，因此，通过之前对影响因素的分析，在这里通过对信任的形成起比较关键作用的因素进行调整，来调整信任的演化路径，促使系统最终能够达到或者能够快速达到信任（$T$）策略的稳定均衡状态。

（1）公平性。公平是人道主义的主要原则之一，也是人道救援物流需要考虑的一个因素，即救灾的时候要考虑到某个区域内的所有地区，重灾区和其他影响相对较小的灾区都要有不同救援组织的分配。由于较高的预期效益和较低的信任成本成为救援组织向信任（$T$）策略演化的良好的条件，但是最终的演化结果是不是信任（$T$）策略，还取决于双方的信任意愿和投入的资源以及相对的投入产出比。在救灾的过程中，不同的救援组织往往首先想到的是重灾区，都前往重灾区进行救助，往往容易出现救援混乱、效率低下的情况，而其他的受灾区则很少受到重视，从而出现重灾区资源过剩，而其他区域资源缺乏的现象。因此，必须制定公平的资源分配制度，使不同的救援组织服务于不同的救灾区域，达到资源的合理分配，实现双方选择信任（$T$）策略的成本都小于选择信任（$T$）策略的预期效益，使得不同的救援组织都发挥其最大化的效率和效益。如果博弈双方有一方采取了信任（$T$）策略，而另一方在合作的过程中出现了机会主义，从而导致采取信任（$T$）策略的组织承担一定的损失。因此应该建立相应的补偿机制和惩罚机制，使得采取了信任（$T$）策略而受到损失的救援组织得到鼓励和补偿，包括物质、信息奖励以及提高救援组织的信任评估等级。

（2）风险承担的意愿。不同的救援组织之间快速信任的形成与发展与其决定信任的意愿有很大的关系，因此分别假设 $\delta_i$ 和 $\delta_j$ 为组织 $A$ 和组织 $B$ 对于采取信任（$T$）策略的意愿强度，其中 $0<\delta_i<1$，$0<\delta_2<1$。令 $\Delta r =\Delta r_i+\Delta r_j$，根据 Rubinstein 讨价还价公式可以得到

$$\Delta r_i = \frac{\delta_i\left(1-\delta_j\right)}{1-\delta_i\delta_j}\Delta r, \ \Delta r_j = \frac{1-\delta_i}{1-\delta_i\delta_j}\Delta r$$

当参数 $\Delta r$，$c_i$，$w_i$，$c_j$，$w_j$ 一定时，鞍点 $E_5(p^*,q^*)$ 的位置将会随着意愿强度 $\delta_i$ 和 $\delta_j$ 的变化而变化。意愿强度 $\delta_i$ 和 $\delta_j$ 的值越大，说明救援组织双方对于合作的意愿比较强烈，信任程度越高，这时的鞍点位置将会向左下方移动，折线上方的面积越大，系统收敛于 $E_4(1,1)$ 点的概率也就越大，系统就会向信任（$T$）策略的均衡状态进行演化。相反，如果意愿强度 $\delta_i$ 和 $\delta_j$ 的值越小，即救援组织双方的信任程度比较低，对于合作的意愿比较小，双方更加注重自己独自救援的效益，则双方采取不信任（$N$）策略的概率就越大，系统就会向 N 策略演化。因此，为了促使系统向 T 策略的稳定状态演化，就必须加强不同的救援组织的救助思想，双方都要全心全意为灾民着想，共同开展高效的救援，为灾民提供更多的帮助，提高双方合作的意愿，提升双方相互信任的程度。在救灾活动的实施中，应增加对基于预期的信任的影响因素的比重，即提高信任意愿，增加信任投入，提高救援组织的信任程度，合作的意愿增加，信任才能够增加，才会加大专用资产的投入，共享彼此的救援资源，保持较长时间的高度信任，提高救援效率。

（3）决策成本和机会收益。降低选择信任（$T$）策略的成本 $c$ 以及机会收益 $w$，能够使得鞍点向左下方移动，双方采取信任（$T$）策略的可能性就会增加，系统会趋向于信任（$T$）策略的稳定均衡状态。由于双方的决策成本和机会收益主要来自两个部分：第一种为风险成本，即由对方的不确定性带来的风险，因此应该建立比较详细有效的声誉机制，为博弈主体减少搜集信息的成本，为其提供有效的参考，减少其决策的风险；第二种为双方的交流沟通的成本，例如，国际救援组织来到国内的救援点，此时要有专门的接洽部门，提供具有流利的外文基础的协调人员，来最大限度地快速地促成合作。

## 8.5　人道物流快速信任的保障机制

### 8.5.1　提高人道救援物流中的公平性

在这个灾难频繁发生的风险社会中，灾难救援团队越来越受到关注。灾难救援团队的目的是在最短的时间内使来自不同部门、不同地区、具有不同专长的团队默契配合，开展救援活动。而快速信任是提高灾后救援活动效率和质量的关键，也是实现灾难救援团队目标的重要因素。但是人道救援物流的背景也对快速信任的形成起着比较重要的作用。公平性就是一个非常重要的因素，是人道主义救援的一个重要原则。救援组织间快速信任的形成与其公平偏好有很大的关系，提高不同救援组织之间以及救援团体与灾民之间的公平性，更加有利于快速信任的形成和维护。提高公平性的主要措施有以下三点：

（1）建立公平的程序和规则。在救灾的过程中要制定标准的、公平的运作程序和各个救援组织都能够理解的规则，来保障来自世界各地不同的救援组织都能够以最快的速度进行配合，形成高程度的快速信任，为高效地开展救援活动提供基础。不同的救援组织很容易接受公平的规则和制度，并且会有意愿按照此规则开展救灾活动，能够减少机会主义行为，降低救援组织之间的风险感知程度，提高救援组织之间的信任意愿。

（2）公平对待政府组织和民间救援组织。在救灾活动中，会出现有些灾民对于外来的救援组织或者民间志愿者的不信任的情况。因此政府部门应该对民间的救援机构给予一定的肯定和认可，甚至颁发一些救援经历的证明，给予民间救援组织和政府组织同样的权利和信息，使其在救灾活动中没有后顾之忧。政府部门应该与民间的非政府组织建立长期的信息共享和合作关系，促进不同组织间信息的及时沟通，避免受灾人民由于文化或地域差异等因素，对于外来的组织产生不信任，导致对快速信任的形成和发展带来阻碍。

（3）建立公平的激励和惩罚机制。在救援组织之间的合作中，随着时间的推移和不确定因素的增加，难免会出现存在机会主义的主体，甚至有些道德低下的组织通过一些假的营业执照骗取救灾物资。对于在博弈过程中采取机会主义而没有共享自己的信息和资源的救援组织，应该给予一定的惩罚和降低信誉等级等措施。对于采取高信任策略的救援组织应该给予一定的奖励或者提高其信用等级和声誉评定等级等无形的资产。通过这种公平的奖罚分明的制度去激励救援团队之间更好的合作，促进救援组织都向信任策略的路径进行演化，形成高程度的信任团队以开展高效率的救灾活动，及时地为灾民提供物资和帮助，从而促使各个救援组织更加规范化。这对积极救援和表现良好的组织是一种激励，对一些存在侥幸心理和机会主义的组织是一种震慑，实现对救援组织的优胜劣汰。

## 8.5.2 重视快速信任在救援组织之间的传递性

在人道救援物流快速信任的影响因素中，基于第三方的信息对于快速信任的形成有着关键的作用，快速信任通过第三方机构进行真实的认证和评估，才能够有效地被其他的国际救援组织、民间救援团队所接受。所以，有必要加大对第三方评估的认定，提高第三方信息的可靠性。

（1）建立统一的救援组织数据库。包含世界各地的救援专家、救援组织以及专业的救援志愿者等民间团队的信息，以及团队成员的专业技能、专业评定证书、参与的救援活动等。这样的一个数据库可以被所有救援组织获得，便于救援团队之间进行信息查阅，使来自世界各地的救援组织能够迅速了解彼此的情况。因为在紧急救灾活动的实施中，时间比较紧迫，任务比较艰巨，救援组织不可能有足够的时间去彼此沟通和了解。因此，提前建立一个统一的可以供所有的救援组织查询的信任评估系统，使所有参与救援的组织能够快速地了解彼此合作团队的情况，有利于快速信任的建立，对于其高效地开展救援活动起到非常关键的作用。

（2）完善救援机构的声誉机制。基于第三方信息的信任还来自于救援机构的声誉。声誉是对某个个人或团体的历史的记忆，因为多数人在交往时都会看重对方的声誉，大型的国际救援组织、国际红十字会、政府军队等组织能够得到更多的认可和信任就是因为其社会声誉有一定的影响力。在救灾活动中，不同的救灾组织形成了复杂的救灾网络，救援组织的声誉会随着救灾活动的进行而发生失真现象，从而容易给其他组织带来负面的信息，进而不能有效地形成快速信任。因此，国家相应机构有必要定期对救援组织数据库进行更新，并且评定各个救援组织的声誉证书及等级。定期的考核能够对救援组织的能力和行为进行监督和约束，并且为各个救援组织提供一个直接的等级证明，不需要救援组织对彼此的信息进行评定就能直接得到评定结果，这样就节省了在紧急的救灾活动中各个救援组织的时间，有利于人道救援物流中各个组织之间快速信任的形成。

（3）建立有效的沟通机制。国际化的发展越来越快，人道主义的机构和组织也遍布全球各地。灾难发生后，来自世界各地的救援组织存在文化和地域的差别，甚至不同的救援机构在灾区的流动性也比较大，因此救灾过程中会出现语言沟通不顺利、方言差别、不同地区的称呼不同，以及不同组织的沟通不畅等问题。这些问题都会成为人道救援物流中快速信任形成的障碍，给救灾活动带来了阻碍，因此，加强不同救援组织、不同国家的救援机构、不同的民间救援团队、非政府组织与政府部门的合作沟通，促进彼此增进感情是解决此矛盾的有力保障。另外，人道救援物流是一个复杂的、动态性的网络，不同的救援组织间快速信任的产生和发展需要彼此之间的沟通，因此，在整个救援系统中建立统一的标准非常重要，如必须穿着相同的服装、佩戴相同的徽章、携带统一的个人信息卡片等。这些措施都有利于增强救援组织的角色清晰度，更加有利于建设专业高效的救援团队，明确不同角色的分工，增进救援组织间的协调，提高救援效率。同时，还要改善救援组织间的通信网络。灾后通讯设施的恢复和完善能够使不同的救援组织对灾民情况、物资情况、医疗情况等信息进行及时的了解，及时地分配资源，实现高效的救援活动。通讯设施和通信网络的完善为快速信任的建立提供了基本保障。

### 8.5.3　适当增加信任投入

人道救援物流是一项非常复杂和重要的物流形式，不仅体现在救灾物资的运输和分配上，更重要的是救援物流比较紧急，关系着众多受灾者的生命和财产安全，因此，人道救援物流相比商业物流更应该关注前期的准备和应急时的救援速度。因此，更应该增加前期的准备和信任的投入，以应对突如其来的需求。

（1）提前布局物资储备库和开展对专业救援团队的培育。灾难发生后，往往伴随着一系列的物资匮乏，例如，地震发生之后，救灾区域急需帐篷、食物、医疗物品、救灾工具等物资。因此，国家有关部门应该在有可能发生地震的相应区域设置灾难物资储备库，提前把相关的物品准备好，这些物资和场所可以定期进行更新和保养，以便随时都可以供应。这样万一发生灾难，就可以直接去最近的储备库调运物资，缩短了采购物资的时间，加快了救灾物流的进度，提升了救援活动的效率。另外，政府相关部门应该加大对专业救援团队以及志愿者团队的培育力度，提前布局救援人员队伍，培育一批具有强烈使命感和责任感，同时拥有专业的救援知识和技能的救援团队，提高其与大型国际救援组织的合作机会，实现高效的救援物流活动。

（2）完善救援活动的规章制度。规章制度包括法律法规等市场监管机制。灾难发生后，来自四面八方的援手都争先恐后地来到灾区去贡献自己的一份力量，对于受灾区域而言，当然也希望有更多的人去帮助自己。但是难免存在机会主义者，通过救灾去谋取私利，还有一些志愿者虽然也是真心想帮忙，但是由于专业技能不够，容易"帮倒忙"。因此政府部门应该制定相关政策，如提高进入灾区的门槛，即救援组织必须具有一定的专业技能，必须有相关的凭证认定等信息。只有救援组织具有相关的经验和技能，在初期救援时才能够明确分工，每个成员都具有明确的任务，最大化发挥自己的能力，与其他救援组织的合作也更加专业化。拥有相同的专业技能和任务目标，交流沟通就更加容易，减少了不同组织之间的合作风险和成本，更加便捷地形成快速信任，开展救援活动。此外，也应该建立不同救援组织之间的协调小组，建立救援活动的监督小组，对救援活动的情况进行监督，对物资的管理和分配进行汇报。如果救援组织都按照相应的规则制度的流程进行高效地合作，就可以很大程度上减少机会主义行为的发生，同时能够减少人力、财力上的浪费，更好地促进救援组织间快速信任的形成和维护。

（3）救灾区域的合理划分及救援组织的适度分配。由于人道救援物流相对于商业物流而言流动性较小，个人活动半径也较小，这种特殊形式的信任能够支撑救援物流的有效运转。快速信任中基于对灾民的情感基础，救援组织出于对灾民福利的关心而选择相互信任，具有明显的利他偏好，当事人可以通过感情投资来缩短双方的距离，从而将对方纳入"自己人"的圈子，或者使自己进入对方的"自己人"圈子。社会距离是对双方情感深度的一种度量，参与者之间的情感关系越近，社会距离就越小，相应的利他倾向就越强。如果个人对社会距离的敏感程度比较大，则其对距离就比较敏感，"自己人"情结就越强，社会距离的微小变化都会导致利他倾向发生很大的变化，使其对离自己比较远的人表示漠视和不关心，只关心离自己很近的一些人。因此，对于救援组织的分配，如果当地具有相对专业的救援团队，应该尽可能就近分配，这样救援组织就会更加熟悉当地的地形、住户信息，也更加有利于救援的开展。受灾人民也更加相信这样的救援团队，增加了彼此的信任程度，更加容易形成快速信任，以提高救援效率。另外，适当减少救灾区域内救援组织的个数也有利于组织间快速信任的形成。

# 参考文献

[1] Denning P J. Hastily formed networks[J]. Communications of the ACM. 2006, 49(4).

[2] 闫章荟. 灾害应对中组织网络的适应性发展策略研究[J]. 四川大学学报:哲学社会科学版, 2013 (1).

[3] Meyerson D, Weick K E, Kramer R M. Swift Trust and Temporary Groupsp[M]// R M Kramer, T R Tyler (Eds), Trust in Organizations: Frontiers of Theory and Research. Thosand Oaks, CA: Sage, 1996.

[4] 肖余春, 李伟阳. 临时性组织中的快速信任：概念、形成前因及影响结果[M]. 心理科学进展, 2014, 22(8).

[5] Popa C L. Initial Trust Formation in Temporary Small Task Groups: Testing a Model of Swift Trust [D]. Unpublished PhD, Kent State University, 2005.

[6] Denning P J, Hayes-Roth R. Decision making in very large networks[J]. Communications of the ACM, 2006, 49(11).

[7] Holguín-Veras J, Jaller M, Van Wassenhove L N, et al. On the unique features of post-disaster humanitarian logistics[J]. Journal of Operations Management, 2012, 30(7).

[8] 冯春, 张怡著. 人道物流——理论与方法[M]. 四川:西南交通大学出版社，2015.

[9] Holguín-Veras J, Taniguchi E, Jaller M, et al. The Tohoku disasters: Chief lessons concerning the post disaster humanitarian logistics response and policy implications[J]. Transportation Research Part A: Policy and Practice, 2014(69).

[10] 杜二帅.灾害性公共危机的合作治理研究——以汶川地震为例[D]. 上

海：华东师范大学, 2010.

[11] Castelfranchi C, Falcone R. Trust theory: A socio-cognitive and computational model[M]. New Jerey: John Wiley & Sons, 2010.

[12] Mayer R C, Davis J H, Schoorman F D. An integrative model of organizational trust[J]. Academy of management review, 1995, 20(3).

[13] Deutsch M. The resolution of conflict: Constructive and destructive processes[M]. New Haven, CT: Yale University Press, 1985.

[14] Gambetta D. Can we trust trust [J]// Gambetta D.(Ed), Trust: Making and breaking cooperative relations. Oxford: Blackwell, 1988.

[15] Hung Y T C, Dennis A R, Robert L. Trust in virtual teams: Towards an integrative model of trust formation[C]// Proceedings of the 37th Annual Hawaii International Conference on System Sciences, Track1, vol.1.

[16] McKnight D H, Chervany N L. Trust and distrust definitions: One bite at a time[M]//Trust in Cyber-societies. Springer Berlin Heidelberg, 2001.

[17] Yamagishi T, Yamagishi M. Trust and commitment in the United States and Japan[J]. Motivation and emotion, 1994, 18(2).

[18] Ostrom, E, Walker, J (Eds). Trust and reciprocity: Interdisciplinary lessons for experimental research[M]. Russell Sage Foundation, 2003.

[19] Hardin R. Trust and trustworthiness[M]. Russell Sage Foundation, 2002.

[20] Rousseau D M, Sitkin S B, Burt R S, et al. Not so different after all: A cross-discipline view of trust[J]. Academy of management review, 1998, 23(3).

[21] Knights D, Noble F, Vurdubakis T, et al. Chasing shadows: control, virtuality and the production of trust[J]. Organization studies, 2001, 22(2).

[22] Tatham P, Kovács G. The application of "swift trust" to humanitarian logistics[J]. International Journal of Production Economics, 2010, 126(1).

[23] McKnight D H, Cummings L L, Chervany N L. Initial trust formation in new organizational relationships[J]. Academy of Management review, 1998, 23(3).

[24] Lewicki R J, Bunker B B. Trust in relationships: A model of development and decline[M]. Jossey-Bass, 1995.

[25] Zucker L G. Production of trust: Institutional sources of economic structure, 1840–1920[J]. Research in organizational behavior, 1986(8).

[26] 肖余春, 李伟阳. 临时性组织中的快速信任: 概念, 形成前因及影响结果[J]. 心理科学进展, 2014, 22(8).

[27] 许光全. 虚拟社会信任评价及管理机制的研究[D]. 天津大学, 2007.

[28] 杨志蓉. 团队快速信任、互动行为与团队创造力研究[D]. 浙江大学, 2006.

[29] 李燕, 赵文平. 基于模糊认知时间图的临时团队快速信任的动态分析[J]. 科技管理研究, 2009, 29(3).

[30] 李倩. 知识型项目团队中快速信任与知识转移关系研究[D]. 西南交通大学, 2008.

[31] 王惠东, 祁红梅, 惠静薇. 团队快速信任理论研究现状及展望[J]. 河北经贸大学学报, 2006, 27(1).

[32] Jarvenpaa S L, Leidner D E. Communication and trust in global virtual teams[J]. Journal of Computer Mediated Communication, 1998, 3(4).

[33] McKnight D H, Choudhury V, Kacmar C. Developing and validating trust measures for e-commerce: An integrative typology[J]. Information systems research, 2002, 13(3).

[34] Koufaris M, Hampton-Sosa W. The development of initial trust in an online company by new customers[J]. Information & management, 2004, 41(3).

[35] 李沁芳. 电子商务用户信任影响因素建模及实证研究[D]. 同济大学, 2008.

[36] 杨欢欢. 虚拟企业信任决定因素研究[D]. 浙江工业大学，2008.

[37] 徐雷. 组织中信任的产生及其对信任双方绩效的影响[D]. 浙江大学，2007.

[38] Gefen D. E-commerce: the role of familiarity and trust[J]. Omega, 2000, 28(6).

[39] Ganesan S. Determinants of long-term orientation in buyer-seller relationships[J]. The Journal of Marketing, 1994.

[40] Pavlou P A. Institution-based trust in interorganizational exchange relationships: the role of online B2B marketplaces on trust formation[J]. The Journal of Strategic Information Systems, 2002, 11(3).

[41] Euler L. Solutio problematis ad geometriam situs pertinentis[J]. Commentarii academiae scientiarum Petropolitanae, 1741, 8.

[42] Kosko B. Fuzzy cognitive maps[J]. International Journal of man-machine studies, 1986, 24(1).

[43] Pomponi F, Fratocchi L, Rossi Tafuri S. Trust development and horizontal collaboration in logistics: a theory based evolutionary framework[J]. Supply Chain Management: An International Journal, 2015, 20(1).

[44] 石岿然, 马胡杰, 肖条军. 供应链成员间信任关系形成与演化研究[J]. 系统科学与数学, 2011, 31(11).

[45] 张学龙, 王军进. 基于博弈理论的供应链信任稳定演化策略[J]. 工业工程, 2015(5).

[46] 沈士根, 马绚, 蒋华, 等. 基于演化博弈论的 WSNs 信任决策模型与动力学分析[J]. 控制与决策, 2012, 27(8).

[47] 楚龙娟. 人道供应链中的快速信任评估模型和治理机制[D]. 西南交通大学, 2012.

[48] 李海燕. 人道物流快速成形网络中快速信任的产生机制[D]. 西南交通大学, 2012.

[49]　李雪. 基于演化博弈论的人道物流快速信任研究[D]. 西南交通大学, 2013.

[50]　张易寒. 道救援物流快速信任演化研究[D]. 西南交通大学, 2016.

[51]　张鹏. 人道救援物流快速信任治理机制研究[D]. 西南交通大学, 2016.